읽으면 하나님을 알게 되는

성경이야기

성경 역사는
우리를 지키는 힘이다.

| 이우승 지음 |

쿰란출판사

추천사

종교개혁 500주년을 맞는 2017년, 우리 한국교회는 6만 교회, 약 850만 성도들을 헤아리고 있다. 성도들의 신앙과 삶의 유일한 표준은 오직 성경이다!(Sola Scriptura) 성경은 오늘도 시공(時空)을 초월하여 우리에게 말씀하시며 교회와 성도들의 나아갈 길을 제시하고 있다.

많은 성도들이 성경을 사랑하여 애독하지만 애쓴 만큼의 열매를 거두지는 못하는 듯하다. 성도들과 대화를 나누다 보면 의외로 성경을 읽다가 쉽게 포기하곤 한다고 하는데, '성경'이 어렵고 이해하기 쉽지 않기 때문이라고 한다. 그 이유가 무엇일까? 여러 이유가 있겠지만 무엇보다도 성경이 기록될 당시의 역사적 배경과 상황을 잘 모르기 때문이고, 그 때와 오늘 사이의 역사적, 종교적, 철학적, 언어적 간격을 넘어서지 못하기 때문이다.

《성경 이야기》는 누구나 쉽게 읽을 수 있어야 하는 성경이 '왜 어려운가?'에 대한 고민으로부터 출발하였다. 저자는 이 고민의 해결점을 외부에서 찾지 아니하고 직접 성경으로 들어가는 길을 택하고 있다. 저자는 어떻게 하면 '성경을 쉽게 읽을 수 있을까'에 대한 해답으로 다음과 같은 두 가지를 주목하였다.

첫째로, 성경의 역사적 배경을 이해할 수 있도록 하였다. 연대별로 정리함으로 성경을 전체적으로 한눈에 볼 수 있도록 하였다. 또한 성경 당시의 지도에 현대의 지도를 병기함으로써 성경 당시의 지리적인 배경을 쉽게 설명하고 있다.

둘째로, 성경의 방대함을 간결하게 요약하였다. 성경은 전체적인 통일성 속에서 하나의 생명가치를 주목하게 한다. 그러한 관점으로 성경 66권을 한 권으로 개관하면서 어린이에서 성인에 이르기까지 쉽게 친숙하게 읽을 수 있도록 쉬운 언어를 사용하여 저술했다. 독자들이 성경을 쉽고 재미있게 읽을 수 있기를 바라는 저자의 마음이 《성경 이야기》 곳곳마다 담겨 있다.

이 책을 통해 독자 여러분이 성경을 더욱 친숙하게 느끼고 읽으며, 그 깨달은 바를 삶 속에 풍성하게 적용하여 열매 맺을 수 있기를 기대한다.

2017년 3월

한천설 교수

(총신대학교 신학대학원 원장/부총장, 한국성경공회 성경번역, 연구위원)

발간사

성경은 어느 날 하늘에서 뚝 떨어진 글이 아닙니다. 하나님께서 아주 가까이에서 간섭하셨던 이야기와 때로는 멀리서 지켜보고 계셨던 실제적인 이야기를 기록해 놓았습니다. 그러므로 성경은 사람들이 실제로 겪었던 역사가 기록되어 있습니다. 성경은 66권이 기록되어 있지만 하나의 이야기이며 한 권의 책입니다.

이 책에는 세상이 시작되는 때부터 마지막 때까지의 이야기가 저장되어 있습니다. 하나님은 우리가 성경의 역사를 통해서 하나님을 알기 원하십니다. 이러한 성경의 역사를 배우면 하나님의 뜻을 더 명확하게 알 수 있습니다.

하나님께서 사람들을 어떻게 다루셨는지, 특히 하나님의 백성들을 어떻게 다루셨는지 배움으로 우리는 하나님을 알 수 있으며, 하나님이 주시는 복을 받을 수 있습니다.

하지만 성경을 읽고 싶은데 어렵죠? 성경이 어렵다 보니 성경을 설명하는 책이 대단히 많습니다. 그중에서 성경을 시간 순서대로 읽어야 한다는 매우 좋은 책들이 있습니다. 그러나 그러한 책들도 성경을 어느 정도는 알아야 이해할 수 있을 것 같습니다.

그래서 성경을 읽는 데 도움이 되고자, 방법을 다른 관점에서 고민하고 생각해 보았습니다. 일단 성경 속으로 들어가야 해결이 되겠다는 결론이 섰습니다.

성경 속으로 들어가 성경이 왜 어려운지를 파악하는 것이 우선이었습니다. 성경이 어려운 이유는 여러 가지가 있지만 크게 두 가지로 생각해 볼 수 있습니다.

첫째는, 성경의 배경을 모르기 때문입니다.

성경은 약 3000년 전부터 2000년 전 기간에 다양한 연대에 기록이 되었습니다. 모세 시대의 사람들은 모세오경을 보고 쉽게 이해하였습니다. 우리는 어떨까요? 오랜 세월이 흐른 지금 성경이 어려울 수밖에 없습니다. 성경이 쓰인 시대와 지금은 시대적 배경이 너무나 다르기 때문입니다.

그러므로 우리는 배경을 알아야 합니다. 성경이 쓰인 시대의 배경을 모르니 성경을 읽어도 내 마음대로 해석을 할 수밖에 없습니다. 또한 옛날 용어가 많아서 어렵습니다. 그러므로 좀 더 쉬운 용어로 접근할 필요가 있습니다.

《성경 이야기》는 최대한 쉬운 용어를 선택했습니다. 문장이나 용어도 좀 더 쉽게 고치면서 초등학생도 쉽게 이해할 정도로 쓰려고 노력했습니다.

성경이 어려운 두 번째 이유는 성경의 내용이 너무나 방대하고, 성경이 시간 순서대로 나열되어 있지 않기 때문입니다. 일단 성경의 내용이 너무나 많습니다.

하지만 성경의 역사는 시간 순서대로 살피면 어렵지 않습니다. 그래서 고민하다가 성경을 최대한 줄여 보았습니다.

줄여 보아도 명확하지가 않습니다. 그래서 성경 역사를 중심으로 시간 순서대로 다시 짧게 정리해 보았습니다. 먼저 성경 전체의 흐름을 아는 것이 중요하기 때문입니다.

성경은 전체가 66권이지만 또한 한 권의 책이기도 합니다. 성경 66권을 역사의 관점을 가지고 한 권으로 요약했습니다.

《성경 이야기》가 쓰인 목적은 독자들이 이 책을 읽고 성경을 더욱 친숙하게 느끼고 읽을 수 있도록 도움이 되는 것입니다.

모쪼록 이 책을 통해서 성경과 더 친숙해지기를 간절히 기도

하는 마음으로 출발합니다.

세계 역사는 BC와 AD로 구분합니다. BC는 '기원 원년 이전'이란 뜻으로 Before Christ(비포 크라이스트)를 줄인 말입니다. BC는 '예수 탄생 전'이란 뜻입니다. BC는 '기원전' 또는 주전(主前)이라고 합니다. 주(主)는 '주인, 임금'이라는 뜻입니다. 전(前)은 '앞 전'이라는 뜻입니다. 다시 말하면 주전(主前)이라는 뜻은 주인(예수 : 창조주)이 오시기 전이라는 말입니다.

AD는 라틴어 Anno Domini(안노 도미니)를 줄인 말로서 '기원 원년 이후'란 뜻입니다. AD는 '예수 탄생 후'라는 뜻입니다. AD는 '기원후' 또는 주후(主後)라고 하는데 '주인이 오신 후'라는 뜻입니다. '주후'를 '서기'라고도 합니다. 역시 같은 뜻입니다.

이렇게 세계 역사의 기원은 예수님(주인)이 탄생하신 때를 기준으로 BC와 AD로 나누고 있습니다. AD는 AD 1년, 2년, 3년 이렇게 연도수가 앞으로 나아가지만 BC는 BC 5년, 4년, 3년, 2년 이렇게 반대로 수가 줄어듭니다. 지금은 AD 2000년대입니다.

다음은 성경의 기록을 연대별로 나누어 본 것입니다.

BC 1010년경		BC 430년경		AD 30년		AD 96년
다윗	⇨	말라기	⇨	예수님 승천	⇨	요한계시록

* 참고 : 이 책을 읽는 순서는 성경의 순서와 다릅니다. 이 책은 성경을 역사서를 중심으로 시간 순서대로 기록하였습니다.

구약성경은 아래와 같이 총 39권으로 구성되어 있습니다.

역 사 서 : 성경 역사를 기록(17권)			
① 창세기	⑥ 여호수아	⑪ 열왕기상	⑯ 느헤미야
② 출애굽기	⑦ 사사기	⑫ 열왕기하	⑰ 에스더
③ 레위기	⑧ 룻기	⑬ 역대상	
④ 민수기	⑨ 사무엘상	⑭ 역대하	
⑤ 신명기	⑩ 사무엘하	⑮ 에스라	

체 험 서(시가서) : 체험했던 삶을 기록(5권)			
1 욥기	3 잠언	5 아가	
2 시편	4 전도서		
선 지 서 : 선지자들이 기록(17권) 아래 선지서 제목은 전부 선지자 이름입니다.			
① 이사야	⑥ 호세아	⑪ 미가	⑯ 스가랴
② 예레미야	⑦ 요엘	⑫ 나훔	⑰ 말라기
③ 예레미야 애가	⑧ 아모스	⑬ 하박국	
④ 에스겔	⑨ 오바댜	⑭ 스바냐	
⑤ 다니엘	⑩ 요나	⑮ 학개	

이 책은 위의 구약성경을 역사서를 기준하여 시간 순서대로 배열하였습니다.

2017년 3월

이우승

차례

Contents

2부 신약

1부 구약

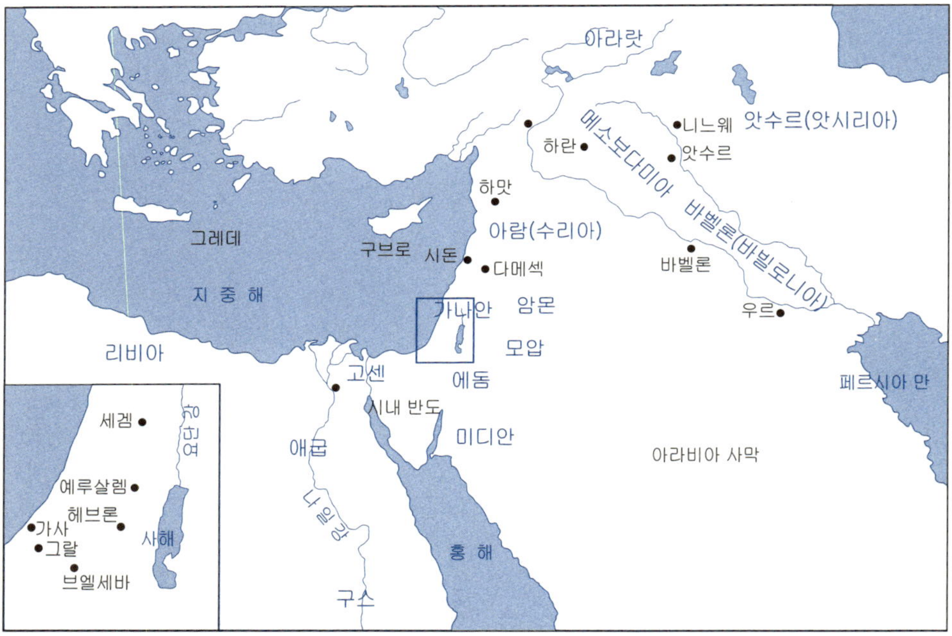

창세기 지도 – 에덴 동산(현재: 메소포타미아 지역), 가나안(현재: 이스라엘), 바벨론과 우르(현재: 이라크)

01
창세기

태초부터 BC 1805년 동안의 기록입니다.

태초(세상이 만들어지기 전)에 하나님이 온 세상(우주)을 만드셨습니다. 온 우주 가운데 생물이 살 수 있는 별(지구)도 만드셨습니다. 온갖 동물과 식물을 만드시고 난 후에 마지막으로 사람을 만드셨습니다. 하나님은 만드신 이 세상을 보고 기뻐하셨습니다.

남자와 여자를 만드시고 남자에게는 '아담', 여자에게는 '하와'라는 이름도 지어 주셨습니다. 하나님은 아담과 하와를 에덴 동산에 두셨습니다. 에덴 동산은 이 세상에서 가장 살기 좋은 낙원과 같은 곳이었습니다. 에덴 동산의 자리는 티그리스 강과 유프라테스 강이 흐르는 지금의 메소포타미아 지역이라고 봅니다(지도 참조).

어느 날 하나님은 아담에게 말씀하셨습니다. "너는 동산에 있는 모든 나무의 열매를 마음대로 먹어라. 그러나 선과 악을 알게 하는 나무의 열매(선악과)는 먹지 말고 놔두어라. 그 나무의 열매를 먹으면, 너는 반드시 죽을 것이다."

아담과 하와는 에덴 동산에서 하나님과 교제를 나누며 지내고 과실을 마음껏 따 먹으면서 행복하게 살고 있었습니다.

하루는 뱀이 하와를 찾아왔습니다. 이 뱀은 사탄이 뱀 속으로 들어간 것입니다. 뱀은 선악과를 먹으면 눈이 밝아져 하나님처럼 된다는 거짓말로 하와를 유혹합니다.

하와가 선악과를 보니 탐나기도 하였고, 먹음직스럽기도 하였습니다. 하와가 그 열매를 따다가 먹고 옆에 있는 아담에게도 주었습니다.

아담과 하와는 그 열매를 먹고는 이상한 생각이 들었습니다. 자신들이 옷을 입지 않은 것에 대해 부끄러움을 느꼈습니다. 그들은 나뭇잎으로 몸을 가렸습니다. 하나님께서 아담을 부르십니다.

"아담아, 아담아, 네가 지금 어디에 있느냐?"

아담은 하나님이 두려워서 얼른 나무 뒤로 숨고는 대답을 합니다.

"하나님의 음성을 듣고 벌거벗은 몸이 두려워 저는 이곳에 숨었습니다."

하나님께서 말씀하십니다.

"네가 무엇을 하였느냐? 어찌하여 너는 선악을 알게 하는 나무의 열매(선악과)를 따 먹었단 말이냐?"

아담은 하와가 주어서 먹었다고 변명을 합니다. 하와는 뱀(사탄)

이 유혹해서 먹게 되었다고 핑계를 댑니다. 아담과 하와의 변명을 들으신 하나님은 안타까워하시면서 결국 이들에게 벌을 주십니다.

"이제 뱀은 흙 위를 기어 다녀야 하고, 남자는 평생 땀을 흘려야만 먹을 것을 구할 것이며, 여자는 아이를 낳는(출산) 고통을 느끼게 될 것이다. 또한 모든 사람들은 나이가 들면 죽음에 이를 것이다."

그뿐만이 아니라 아담과 하와는 에덴 동산에서 쫓겨납니다.

사탄의 유혹을 이기지 못하고 선악과를 먹었던 아담과 하와에게 죄(악)가 들어왔습니다. 이 죄로 인해 사람들은 하나님을 알지 못하는 상태로 태어나게 되었습니다.

하나님은 아담에게 양의 가죽으로 옷을 지어 입히시고 약속을 하십니다.

"이제 너희의 죄 때문에 힘든 삶을 살고 죽을 수밖에 없지만 내가 너희의 죄를 씻어 구원해 줄 메시아(예수)를 이 땅에 보내겠다. 내가 양의 피를 흘려서 너에게 양의 가죽 옷을 입힌 것처럼 예수가 피를 흘림으로 너희의 죄를 씻어 구원해 줄 것(천국에 이를 것)이다."

아담의 아들 중에 가인(형)과 아벨(동생)의 이야기가 있습니다. 가인과 아벨은 하나님께 제물을 드렸는데 하나님께서 가인과 그의 제물은 받지 않으시고, 아벨과 그의 제물은 기뻐 받으셨습니다.

아벨은 하나님을 믿는 마음으로 제사를 드렸고, 가인은 형식적으로 제사를 드렸기 때문입니다.

하나님이 아벨의 제사만 받으셨다는 사실을 알게 된 가인은 분했습니다. 어느 날 질투심에 눈이 먼 가인은 아벨을 들로 불러내어 쳐 죽이게 됩니다. 인류 최초로 살인이 일어난 것입니다. 하나님은 가인을 불러내어 벌을 내리십니다.

"네가 밭을 갈아도 효력이 없을 뿐만 아니라 죄책감 때문에 한 곳에 정착하지 못하고 여기저기를 떠도는 나그네처럼 살 것이다."

무서움에 떨던 가인은 하나님께 애원을 합니다.

"이 벌은 제게 너무 무겁습니다. 누구든지 저를 만나는 사람은 저를 죽이려 할 것입니다."

하나님은 가인에게 표시를 해주셔서 사람들이 가인을 죽이지 못하게 하셨습니다. 가인은 아들을 낳고 에녹이라 하였습니다. 가인의 후손은 계속 이어집니다.

그 후에 아담과 하와가 아들을 낳고 이름을 '셋'이라고 지었습니다. 하나님은 셋을 기뻐하시고 아벨 대신에 셋을 하나님의 사람으로 선택하셨습니다. 셋은 아들을 낳고 이름을 '에노스'라고 지었습니다. 에노스가 살던 시대에 사람들이 하나님의 위대함을 알게 되면서 자신의 연약함을 깨닫고 하나님을 찬양했습니다.

셋은 930세까지 살면서 자녀들을 낳았고, 에노스는 920세까지 살면서 자녀들을 낳았습니다. 당시에 사람들은 이런 식으로 계속해서 후손들을 이어갔습니다.

셋의 후손 중에는 하나님을 잘 섬겼던 노아가 있었습니다. 당시 세상에 살고 있는 사람들의 생각은 항상 악할 뿐 아니라 온갖 죄를 다 짓고 있었습니다. 하나님을 믿지 못하고 이웃도 믿지 못하며 죄를 지은 가인의 후손들과 뒤섞였을 뿐만 아니라 이기적이었습니다. 시간이 갈수록 세상이 혼탁해지자 하나님은 사람 지으신 것을 한탄하셨습니다. 인간들이 짓고 있는 죄에 대해 애정 어린 걱정을 하시며 슬퍼하셨지만 이제 더 두고 보실 수가 없으셨습니다.

하나님은 홍수로 세상을 멸망시키기로 작정하셨습니다. 다만 끝까지 하나님을 믿고 따르던 노아는 그 가족과 함께 남겨 두도록 선택하십니다. 노아는 그 시대 의인이었습니다.

하나님은 노아에게 아주 큰 방주(배)를 만들게 하십니다. 이 방주는 홍수에 대비할 수 있도록 만들어졌습니다. 방주의 길이는 약 137m에 달했고, 3층으로 만들어졌으며, 방주에 실을 수 있는 양은 약 14,000t 정도였습니다.

당시에 많은 사람들은 노아에게 미쳤다고 말했지만, 노아는 이에 굴하지 않고 꿋꿋하게 하나님의 말씀을 믿고 실천해 나갑니다. 방주(배)는 120년 동안 만들어졌는데, 노아의 나이가 600세가 될 때에 완성이 되었습니다. 하나님은 노아와 아내, 그리고 3명의 아들과 3명의 며느리 이렇게 8명을 방주에 들어가게 하십니다. 그리고 세상의 모든 생물들 중 암수 한 쌍씩을 방주에 들어가게 하셨습니다.

하나님이 홍수를 내리기로 하시자 온 세상이 깜깜해지고 비가 내리기 시작합니다. 무려 40일 동안 비가 쏟아졌고 온 세계가 물에 잠깁니다. 그제야 모든 사람들은 두려움에 떨면서 높은 곳으로 살 곳을 찾아 떠났지만 피할 곳은 없었습니다.

이 물은 150일 동안 온 세상의 땅을 뒤덮었습니다. 홍수 때문에 방주 안에 들어간 생물 외에 모든 생물은 다 죽었습니다. 이 세상에는 노아의 가족만 남았습니다.

하나님은 노아의 가족에게 약속을 하십니다.

"다시는 모든 생물을 홍수로 멸하지 않겠다."

하나님은 노아의 세 아들 셈, 함, 야벳에게 말씀하셨습니다.

"너희는 자녀를 많이 낳아서 이 땅을 채우라."

이제 세상은 노아의 후손으로 다시 번성하기 시작합니다. 당시 노아의 후손들은 모두 같은 언어를 사용하였습니다.

사람들은 점차 안정을 찾으면서 평안한 생활을 하게 되자 하나님을 외면하고 악한 생각을 하게 됩니다. 그들은 '바벨'이라는 곳에 모여서 도시를 건설합니다. "우리의 이름을 널리 알리고 서로 흩어지지 말자"라고 하며 탑을 하늘 끝까지 쌓고 있습니다. 하나님을 대적하려고 쌓은 이 탑을 바벨탑이라고 합니다.

하나님은 사람들이 바벨탑을 쌓는 모습을 보시고 사람들의 언어를 여러 종류로 나누셨습니다. 그 이유는 사람들이 담합하여 죄를 짓는 것을 막으시려 했던 것입니다. 세상에는 많은 종류의 언어가 생겼습니다. 갑자기 서로 언어가 달라지다 보니 대화가 안 됩니다. 결국 사람들은 더 이상 도시를 건설하지 못하고 뿔뿔이 흩어집니다. 그리하여 서로 흩어져 같은 말을 하는 사람끼리 모여 살게 됩니다.

한편 노아는 960세까지 살았고, 노아의 아들 중 셈은 600세를 살았습니다. 이 후손들의 생명은 400세에서 300세로 줄어들더니 200세로 짧아집니다. 얼마간의 세월이 지났습니다.

셈의 후손 중 데라는 가나안 땅으로 가려고 아들 아브라함과 식구들을 데리고 갈대아 우르를 떠났습니다. 데라의 가족은 하란에 도착하여 살았고, 그곳에서 데라가 죽습니다.

하나님은 하란 땅에 살고 있는 아브라함을 하나님의 사람으로 선택하셨습니다. 그리고 아브라함에게 약속을 하십니다.

"내가 너를 통해서 큰 민족을 만들고 너를 복의 근원(시작점)이 되게 하겠다."

하나님은 하란 땅에 살고 있던 아브라함에게 가나안 땅으로 가라고 하십니다(지도 참조).

아브라함은 하나님의 약속을 믿고 나이 75세에 하란을 떠나서 가나안 땅으로 갑니다.

이때 아브라함의 아내 사라와 조카 롯도 같이 가게 됩니다. 가나안 땅에 도착한 아브라함에게 하나님은 약속하십니다.

"이 가나안 땅을 네 후손들에게 주겠다."

하나님의 약속과는 달리 현재 아브라함은 자식이 없습니다. 하지만 하나님이 약속하신 말씀을 믿고 순종하는 마음으로 예배를 드렸습니다. 하나님은 아브라함의 믿음을 의롭게 여기셨습니다.

그 후 아브라함은 이 가나안 땅에서 나그네처럼 이곳저곳 옮겨 다니며 살았습니다. 목축업을 했던 아브라함과 조카 롯은 가축들이 너무 많아 함께 살 수가 없었습니다. 롯은 아브라함과 헤어져 소돔 땅으로 이사를 가서 살았습니다(지도 참조).

아브라함은 계속 가나안 땅에서 살았지만 86세가 되어서도 여전히 자식이 없었습니다. 아브라함의 아내 사라는 자식을 갖고 싶어서 자기의 여종 하갈을 아브라함과 동침케 했습니다. 여종 하갈은 아들을 낳고 이름을 이스마엘이라 불렀습니다.

그러나 하나님은 사라를 통해서 아브라함의 후손을 이을 것이라고 약속하셨습니다. 아브라함이 99세가 되었을 때에 하나님이 말씀하십니다.

"내가 너에게 수없이 많은 자손을 줄 것이며, 너는 여러 나라의 조상이 될 것이다. 사라가 아들을 낳거든 이름을 이삭이라고 하여라."

그러던 어느 날 아브라함에게 세 사람(사람의 모습으로 오신 하나님과 두 천사)이 찾아왔습니다. 두 천사는 롯이 사는 소돔으로 내려가고 하나님은 말씀하셨습니다.

"소돔과 고모라 백성에 대한 나쁜 이야기를 많이 들었다."

아브라함이 말했습니다.

"하나님, 소돔 성 안에 의인(하나님을 믿는 사람) 50명이 있으면 어떻게 하시겠습니까?"

하나님은 멸망시키지 않겠다고 대답하십니다. 아브라함은 45

명, 40명, 30명, 20명 이렇게 숫자를 줄여가며 하나님께 계속 질문을 합니다. 아브라함은 다시 하나님께 말했습니다.

"하나님, 노하지 마시고 제 말을 한 번 더 들어 주십시오. 저 성 안에 의인 10명이 있다면 어떻게 하시겠습니까?"

하나님께서 대답하십니다.

"10명이라도 의인이 있다면 그 성을 멸망시키지 않겠다."

소돔은 이미 성적으로 문란하여 남자가 남자를 사랑하고, 여자가 여자를 사랑하는 동성애자들이 많았습니다. 두 천사(남자의 모습)는 소돔 성에 도착하여 롯을 찾아갔습니다. 롯의 집으로 두 천사가 들어간 것을 본 소돔 성의 남자들(동성애자)이 롯의 집으로 몰려와서 소리쳤습니다.

"너의 집에 들어온 사람들을 끌어내라. 우리가 그들을 욕(겁탈)보여야겠다."

이렇게 소돔 성의 사람들은 성적으로 차마 표현할 수 없을 정도의 온갖 추악한 짓을 다했습니다.

천사들이 롯에게 말합니다.

"이제 그대가 사람들의 죄악을 똑똑히 보았을 것이오. 그러니 그대의 가족들과 함께 빨리 이 성 밖으로 도망을 가시오. 하나님이 이 성을 멸망시키라고 우리를 보내셨소."

롯은 밖으로 나가서 자기 딸들과 약혼한 사윗감들에게 이 사실을 말했습니다.

"어서 이 성을 빠져나가야 하네. 하나님이 이 성을 멸하실 걸세."

그러나 사윗감들은 롯이 자기들에게 농담을 한다고 생각하며 믿지 않았습니다. 동이 틀 무렵 천사들은 롯과 그의 아내와 두 딸의 손을 잡아끌고 성 밖으로 내보냈습니다.

하나님께서 소돔 성에 유황과 불을 쏟아 부으셔서 멸망시키셨습니다. 소돔 성을 떠나면서 롯의 아내는 너무나 안타까워 뒤를 돌아보았습니다. 소돔에 있는 재물에 온 마음을 빼앗겼을 뿐만 아니라 뒤를 돌아보지 말라는 천사들의 말도 믿지 못했기 때문입니다. 결국 롯의 아내는 그 자리에서 굳어 소금 기둥이 되어 버렸습니다.

결국 의인 10명이 없었던 소돔과 고모라 성은 멸망을 당하게 됩니다.

그 후로 1년이 지나 아브라함의 아내 사라는 하나님의 말씀을 믿음으로 아들을 잉태할 수 있는 힘을 얻었습니다. 아브라함의 나이 100세, 사라의 나이 90세에 하나님이 약속하신 대로 아들을 낳고 이름을 이삭이라고 짓습니다. 아브라함은 늙은 나이에 이삭을 얻었으므로 온 정성을 다해서 키웁니다.

이삭이 청년이 되었을 때에 하나님은 아브라함을 시험하기 위해 이삭을 제물(번제)로 바치라고 말씀하십니다. 아브라함은 하나님께 순종합니다. 아브라함이 귀하디귀한 이삭을 제물로 바치려고 모리아 산으로 올라갑니다. 아브라함은 하나님이 죽은 사람도 살리실 수 있다고 믿은 것입니다.

모리아 산에서 이삭을 제단에 올려놓고 칼을 들이대자 하나님은 이를 황급히 막으시고 아브라함의 믿음을 칭찬하십니다. 그 후 아브라함을 믿음의 조상이라고 부릅니다.

한편 저 멀리 우스 땅에 사는 욥의 이야기가 기록됩니다. 욥은 아브라함과 같은 시대의 사람입니다.

욥기

하나님의 허락을 받은 사탄이 욥의 믿음을 시험합니다. 이를 통해 고난도 하나님의 뜻에 포함된다는 것을 알 수 있고, 하나님의 절대주권(인간에 대한 지배권이 오직 하나님께만 있음)에 인간은 순종해야 함을 가르쳐 줍니다.

우스(현재 아라비아 사막) 땅에 욥이라는 사람이 살고 있었습니다. 욥은 부자였으며, 당대에 의인이었고, 하나님을 잘 섬겼습니다.

그러던 어느 날 태풍으로 인해 집이 무너져 자녀(아들 일곱, 딸 셋)들이 한꺼번에 죽었습니다. 가지고 있던 재산도 한순간에 없어졌습니다.

그뿐만이 아닙니다. 욥은 온몸에 종기가 나서 고통스러워하며 온몸을 긁고 있습니다. 그때에 욥의 아내가 한마디합니다.

"당신은 차라리 하나님을 저주하고 죽어 버려요."

욥은 아내에게 대답합니다.

"우리가 하나님께 복을 받았는데 이 정도의 고통을 못 이기겠소?"

이 소식을 듣고 욥의 친구들이 찾아왔습니다. 친구들은 욥에게 말합니다.

"네가 뭔가 잘못한 일이 있기 때문에 이러한 일을 겪고 있는 거야."

욥은 친구들의 말에 반박을 합니다.

"하나님이 나를 지켜 주시던 옛날이 그립구나. 나는 자네들이 생각하는 그런 죄를 지은 적이 없네. 나는 진실하네."

그 후 욥은 하나님의 음성을 듣습니다.

"온 우주를 만든 내가 너의 주인이다."

물론 욥은 예전부터 하나님이 주인 되심을 알고 있었습니다. 그러나 귀로만 들었던 하나님을 만난 후에 그동안 자신의 무지함과 교만함을 회개(간절한 돌이킴)합니다.

이러한 욥은 결국 하나님께 이전보다 두 배나 많은 복을 받게 됩니다.

시간이 흘러서 아브라함의 아들 이삭이 40세가 되어 리브가와 결혼을 합니다. 이삭은 성품이 매우 온유하였고 비교적 평안한 삶을 살았습니다. 하나님께서는 이삭에게 복을 주셔서 이삭이 농사를 지을 때 100배의 수확을 거두게 하셨습니다.

이삭의 아버지 아브라함은 175세에 세상을 떠났습니다. 이삭도 아버지 아브라함처럼 자식이 없었으나 간절히 기도하여 이삭의 나이 60세에 쌍둥이를 낳습니다. 먼저 나온 형은 에서라고 하였고, 동생은 야곱이라고 불렀습니다.

하나님은 동생인 야곱을 하나님의 사람으로 선택하셨습니다. 그 선택은 에서와 야곱이 태어나기도 전의 일입니다.

형 에서는 맏아들의 권리를 가볍게 여겼습니다. 하지만 야곱은 맏아들의 권리를 원했습니다. 어느 날 아버지 이삭이 형 에서를 축복해 주려고 했으나 동생 야곱이 그 기회를 가로챘습니다. 화가 난 에서는 야곱을 죽이려고 계획을 세웁니다.

야곱은 형이 무서워 하란에 있는 외삼촌의 집으로 도망을 갑니다. 가는 도중 날이 어두워 벧엘에서 하룻밤을 자게 됩니다. 야곱은 기도하던 중에 하나님의 음성을 듣습니다.

"야곱아! 내가 너와 함께 있어서 네가 어디로 가든지 너를 지켜 줄 것이다."

야곱은 하나님께 서원(하나님께 약속함)을 합니다.

"하나님, 제가 무사히 아버지 집으로 돌아가게 해주시면 하나님이 저에게 주신 모든 것의 십분의 일을 드리겠습니다."

야곱은 하란에 도착하여 외삼촌의 집으로 갑니다. 그리고 외삼촌의 딸들과 결혼하여 아들 12명을 낳습니다.

야곱의 12아들(후에 이스라엘 12지파가 됨)			
① 르우벤	④ 유다	⑦ 갓	⑩ 스불론
② 시므온	⑤ 단	⑧ 아셀	⑪ 요셉
③ 레위	⑥ 납달리	⑨ 잇사갈	⑫ 베냐민

20년 후에 야곱은 하란에서 가나안 땅으로 돌아옵니다.

야곱이 돌아온다는 소식을 들은 형 에서가 부하 400명을 데리고 야곱을 혼내주기 위해 달려옵니다.

야곱은 다급하게 하나님께 간절히 기도합니다. 밤새도록 기도로 씨름한 야곱은 하나님께서 지켜 주실 것이라는 응답을 받습니다. 또한 하나님께서는 야곱에게 '이스라엘'이라는 새 이름을 주십니다. 그 후 야곱의 열두 아들의 후손들은 '이스라엘'이라는 이름으로 나라를 세우게 됩니다.

에서를 만난 야곱은 형 에서에게 용서를 구합니다. 에서는 화가 풀리자 야곱을 끌어안고 울고 야곱도 같이 웁니다.

에서는 살던 곳으로 돌아가고 야곱은 헤브론으로 가서 아버지 이삭을 만났습니다. 야곱은 너무나 감격스러워 아버지를 두 팔로 꼭 끌어안고 울었습니다. 그 후 이삭은 180세가 되어 죽었지만, 야곱은 계속 가나안 땅에서 양을 기르며 살았습니다.

야곱의 열한 번째 아들인 요셉이 17세가 되었습니다. 하루는 요셉이 꿈을 꾸고는 형들에게 이야기합니다.

"내가 꿈을 꾸었는데 형들이 나에게 절을 하였어요."

이 말을 들은 형들은 요셉이 건방지고 버릇이 없다고 미워하고 시기합니다. 양을 기르는 요셉의 형들은 양에게 풀을 먹이기 위해서 이곳저곳으로 옮겨 다닙니다. 어느 날 집에 있던 야곱은 요셉에게 말합니다.

"네 형들이 잘 있는지 알아보고 오너라."

요셉은 형들을 찾아 집을 나섰습니다. 어렵게 형들을 찾은 요셉은 너무 기뻐서 형들에게 뛰어갔습니다. 하지만 요셉을 만난 형들은 서로 수군거립니다.

"저기 꿈꾸는 녀석이 온다."

결국 형들은 요셉을 미디안 상인들에게 돈을 받고 팔아 버렸습니다. 그리고 형들은 요셉의 옷에 동물의 피를 묻혀서 아버지 야곱에게 갖다 주며 이 옷을 주웠다고 거짓말을 하였습니다.

야곱은 요셉의 옷을 보고 요셉이 동물에게 물려 죽었다고 생각하여 대성통곡하며 음식도 먹지 않고 괴로워했습니다.

한편 미디안 상인들은 요셉을 애굽(이집트) 나라로 데리고 가서 보디발에게 노예로 팔았습니다(지도 참조). 보디발은 애굽 왕의 신하이며 경호대장이었습니다.

갑자기 노예의 신분이 된 요셉은 매우 힘들었지만 하나님께서 함께하심을 알고 힘을 얻어 열심히 일을 했습니다. 이러한 요셉의 모습이 보디발(주인)의 눈에 띄었고, 보디발의 신임을 얻게 됩니다. 보디발은 하나님이 요셉과 함께하신다는 사실을 깨닫습니다. 보디발은 요셉에게 집안일뿐만 아니라 자신의 재산까지 맡겨서 관리를 하게 합니다.

요셉은 멋지고 잘생긴 미남이었는데, 어느 날 보디발의 아내가 요셉에게 동침하자고 유혹을 합니다. 요셉은 하나님 앞에서 죄를 지을 수 없다며 단호히 거절합니다. 화가 난 보디발의 아내는 요셉이 자기를 겁탈하려 했다고 거꾸로 누명을 씌웁니다.

결국 요셉은 감옥에 갇히게 되었습니다. 이 감옥은 왕의 신하들이 죄를 지어 갇히는 곳이었습니다. 요셉은 아무런 죄가 없었지만 죄인의 신세가 되었습니다.

이 감옥에서도 하나님은 요셉을 도와주셨습니다. 요셉은 낙심하지 않고 맡은 일에 최선을 다했습니다. 점차적으로 간수장(감옥의 총대장)에게도 신임을 얻었고 간수장은 요셉에게 감옥 안의 모든 일들을 맡겼습니다.

얼마 뒤 애굽 왕의 신하 두 명이 감옥에 들어왔고, 요셉은 이들의 시중을 들었습니다. 하루는 이 신하들이 꿈을 꾸었는데, 요셉이 그들의 꿈을 해몽해 줍니다. 신기하게도 요셉의 해석은 정확했습니다. 한 명의 신하는 죽었고, 한 명의 신하는 다시 왕의 신하로

복직되었습니다.

그로부터 2년이 흘렀습니다. 애굽 왕은 이상한 꿈을 꾸었지만 애굽의 모든 술사(점쟁이)들은 이 꿈을 해몽하지 못했습니다. 이때 요셉과 같이 감옥에 있었던 신하가 왕께 요셉을 추천합니다. 왕은 요셉을 부릅니다.

왕궁에 도착한 요셉은 왕에게 대답을 합니다.

"저는 능력이 없습니다. 하나님께서 왕을 위해 꿈을 해석해 주실 것입니다."

왕이 요셉에게 꿈 이야기를 합니다. 요셉은 하나님이 앞으로 하실 일을 왕에게 보여주신 것이라고 대답합니다. 그러고 나서 꿈 해몽을 합니다.

"앞으로 7년 동안은 큰 풍년이 들 것이며, 그 후에 7년은 가뭄이 들 것입니다. 7년 가뭄이 너무 심해서 굶어 죽는 백성이 넘칠 것입니다. 그러니 지혜로운 사람을 뽑아서 이 가뭄에 대비를 해야 합니다."

왕과 신하들은 요셉의 제안을 매우 좋게 생각했습니다. 애굽(이집트) 왕은 요셉을 총리(왕 다음가는 신하)로 세워서 애굽을 다스리게 하였습니다. 이때 요셉의 나이는 30세였습니다.

요셉은 7년간 풍년으로 얻어진 모든 곡식을 아끼고 아끼며 여러 성에 쌓아 두었습니다. 그 후 요셉의 해몽대로 애굽(이집트) 나라의 온 땅과 주변 나라들에까지도 심한 가뭄이 들었습니다.

요셉의 아버지 야곱이 살고 있던 가나안 땅에도 가뭄이 매우 심했습니다. 야곱은 애굽에 곡식이 있다는 소리를 듣고 아들들(요셉의 형 10명)을 애굽으로 보냅니다.

형들을 만난 요셉은 애굽의 총리가 된 사연을 형들에게 말합니다. 그러고 나서 말합니다.

"형님들이 나를 이곳에 팔아넘겼지만 그것은 하나님이 우리의 목숨을 살려 주시려고 하신 일입니다. 앞으로도 5년 동안은 흉년이 계속될 것입니다. 형님들은 고향으로 돌아가 아버지를 모시고 애굽으로 오십시오."

형들이 돌아가서 야곱에게 이 사실을 알립니다. 야곱은 하나님께 예배를 드렸습니다. 하나님께서 환상 가운데 야곱에게 말씀하십니다.

"애굽(이집트)으로 가는 것을 두려워하지 말아라. 애굽에서 너의 자손을 큰 나라로 만들어 줄 것이다."

BC 1876년 야곱은 70명의 식구를 거느리고 애굽으로 갔습니다. 애굽에 도착한 야곱은 요셉을 만나 부둥켜안고 펑펑 울었습니다. 야곱은 애굽의 총리가 된 아들 요셉의 효도를 받으며 살다가 147세에 죽습니다.

야곱이 죽자 요셉의 형들은 불안했습니다. 혹시 요셉이 앙갚음을 할지 모르기 때문입니다. 이러한 사실을 알게 된 요셉은 형들을 안심시킵니다.

"두려워하지 마세요. 내가 하나님을 대신하기라도 하겠습니까? 내가 형님들과 아이들을 잘 돌봐드리겠습니다."

그 후 BC 1805년 요셉은 110세에 죽으면서 믿음으로 유언을 남깁니다.

"나의 시신을 애굽(이집트)에 매장하지 말고 하나님께서 이스라엘 자손들(야곱의 후손들)을 가나안으로 인도하실 때에 가나안 땅 조상들의 묘에 묻어 달라."

말씀 정리

하나님께서는 우주 만물과 온갖 생명체들을 만드시고 마지막에 인간을 창조하신 후에 매우 좋아하셨습니다. 그러나 사람들이 하나님과의 약속을 지키지 않았기 때문에 하나님은 사람 지으신 것을 한탄하셨습니다. 하나님은 모든 만물을 홍수로 심판하시지만 '노아'의 가족은 살려 주십니다. 그 후 노아의 후손 중에 아브라함을 선택하시고 아브라함의 아들 이삭, 이삭의 아들 야곱, 야곱의 아들 요셉의 삶까지 함께하십니다.

가뭄 때문에 그리고 요셉이 애굽의 국무총리로 있었기 때문에 야곱(이스라엘)의 가족 70명이 애굽으로 내려왔습니다. 그런데 요셉이 죽었습니다. 야곱의 열두 아들의 자손들은 앞으로 어떻게 될까요?

이제부터 야곱의 열두 아들의 후손들을 12지파라고 부릅니다.

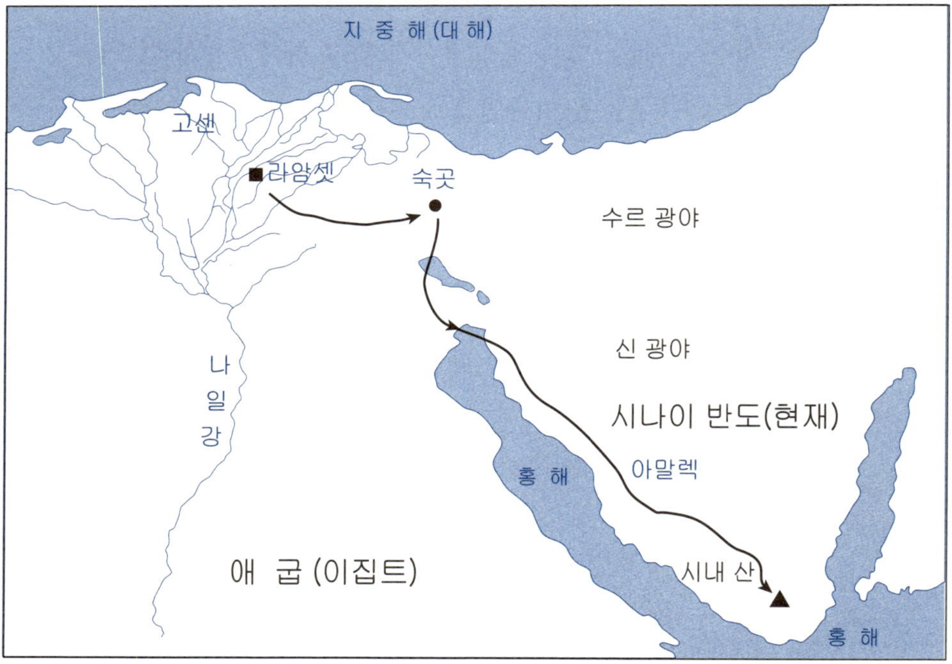

출애굽기 지도 – 이스라엘 백성들이 고센의 라암셋에서 출발하여 시내 산까지 가는 데 2개월이 걸림.

02
출애굽기

BC 1527~1447년까지의 기록입니다.

이스라엘이 애굽(이집트)에서 산 지 약 320여 년이 흘렀습니다. 애굽에 70명이 왔던 야곱(이스라엘)의 자손들은 그동안 약 200만 명으로 늘어나 하나의 민족이 되었습니다. 하나님께서 야곱에게 하셨던 약속(내가 너의 자손을 큰 나라로 만들어 줄 것이다)대로 되었습니다. 이때부터 야곱(이스라엘)의 자손들을 이스라엘이라고 부르게 됩니다.

애굽에서 살게 된 지 약 350년이 지난 지금 이스라엘의 자손들은 애굽의 노예가 되어 버렸습니다. 애굽에서 벽돌을 만들거나 농사를 짓는 등 온갖 힘든 일을 다했습니다.

그러나 힘이 들수록 이스라엘 사람들의 수는 더욱더 불어났습니다. 이에 두려움을 느낀 애굽의 왕(바로)은 이스라엘 사람들이 남자 아기를 낳으면 나일 강에 버리라고 명령을 내렸습니다(지도 참조).

BC 1527년에 야곱(이스라엘)의 셋째 아들 '레위'의 후손인 한 가정에서 남자 아기가 태어납니다. 아기의 부모는 하나님을 믿음으로 아기를 나일 강에 버리지 않고 숨겨서 키웁니다. 그러나 3개월이 지나자 더 이상 숨길 수가 없었습니다.

아기의 부모는 할 수 없이 갈대상자에 아기를 넣어 나일 강 갈대 사이에 두었습니다. 그리고 아기의 누이는 아기가 어떻게 되는지 멀리서 지켜보았습니다.

마침 애굽 왕의 딸(공주)이 나일 강으로 목욕을 하러 나왔다가 갈대 상자를 발견합니다. 자식이 없었던 공주는 이 이스라엘 사람의 아기를 자신의 아들(양자)로 삼을 결심을 했습니다.

멀리서 이 모습을 지켜보던 아기의 친누이가 공주에게 가서 시치미를 떼고 말합니다.

“내가 공주님을 위하여 이 아기에게 젖을 먹일 수 있는 유모를 구해 볼까요?”

공주가 허락하여 누이는 아기의 어머니를 데려옵니다. 그리하여 그 아기의 친어머니가 유모가 되었습니다. 공주는 아기의 이름을 모세라고 불렀습니다.

모세는 애굽 나라의 공주의 아들(왕자 신분)로 성장했습니다. 친어머니였던 모세의 유모는 모세를 돌보면서 모세가 이스라엘(히브리) 사람이라고 가르쳐 주었습니다.

모세가 40세가 되던 어느 날, 애굽 사람이 이스라엘 사람을 때리는 것을 보고 모세는 애굽 사람을 죽이고 모래 속에 감추었습니다.

그다음 날 모세가 그 일이 어떻게 되었는가 보려고 나가니 오늘은 이스라엘 사람끼리 싸우는 장면을 보게 됩니다. 이 모습을 본 모세가 그들을 말렸습니다.

"어찌하여 이스라엘 사람끼리 싸웁니까?"

그런데 이게 웬일입니까? 싸우던 한 이스라엘 사람이 모세에게 대들며 말합니다. "당신이 왜 우리 일에 참견합니까? 우리의 재판관이라도 됩니까? 어제 애굽 사람을 죽인 것처럼 나도 죽이려고 합니까?"

모세는 자기가 애굽 사람 죽인 일이 탄로 난 것을 알고 두려워합니다. 당시에 애굽 왕과 모세는 서로 정적(대립) 관계에 있었고, 애굽 왕은 이 기회를 이용해서 모세를 죽이려 할 것이 틀림없었습니다. 아니나 다를까. 애굽 왕이 모세를 죽이려고 찾습니다.

BC 1487년 모세는 미디안 사람들이 사는 땅(시내 산 근처)으로 도망쳤습니다(지도 참조). 이때 모세의 나이는 마흔 살이었습니다. 그곳에서 모세는 결혼을 하고 자식도 낳고 목자생활을 하면서 40년을 살아갑니다.

한편 애굽(이집트)에서는 전에 모세를 죽이려던 왕은 죽었지만 이스라엘 사람들은 여전히 노예로 학대를 당하며 고된 노동에 시달리고 있었습니다. 이들은 너무 괴로워서 울부짖으며 하나님을 찾았습니다. 하나님은 이들을 생각하시고 80세가 된 모세를 부르십니다.

모세가 시내 산을 올라갔을 때에 하나님은 모세에게 나타나셔서 말씀하십니다.

“내가 너를 애굽 왕에게 보낼 것이다. 너는 가서 내 백성 이스라엘 사람들을 애굽에서 인도해 내어라.”

모세가 하나님께 아룁니다.

“제가 이스라엘 백성들에게 가서 너희 조상의 하나님이 나를 너희에게 보내셨다고 말하겠습니다. 그때에 이스라엘 백성들이 하나님의 이름이 무엇이냐고 물으면 저는 어떻게 대답해야 합니까?”

하나님께서 대답하십니다.

“나는 스스로 있는 자니라.”

모세는 또 두려워하며 이야기합니다.

“저는 말을 잘할 줄 모릅니다.”

하나님께서 다시 말씀하십니다.

“네 형 아론(친형)을 너에게 붙여 주겠다.”

더 이상 할 말이 없어진 모세는 결국 애굽 땅으로 출발을 합니다. 애굽으로 가는 도중에 형 아론을 만나서 같이 애굽으로 갑니다. 하나님께서 모세에게 아론을 붙여 주신 겁니다.

애굽에 도착한 모세는 이스라엘 백성들에게 하나님이 하셨던 말씀을 전했습니다. 그러고 나서 애굽 왕(아멘호텝 2세)을 만나서 자초지종을 설명했습니다.

“이스라엘 백성들이 여호와(하나님)께 예배를 드려야 하니 애굽에서 나가게 해주십시오.”

애굽 왕은 어이가 없다는 투로 말합니다.

"도대체 여호와가 누군데 내가 노예들을 풀어주어야 하느냐? 너희가 편하니까 이런 생각을 하는구나. 앞으로는 노예들에게 볏짚도 주지 말고 벽돌은 더 많이 만들게 하라."

이에 이스라엘 백성들은 하루하루가 더 고통스러워졌습니다. 예전보다 벽돌은 더 많이 만들어야 하는데 볏짚까지 직접 주워서 만들어야 했기 때문입니다. 이스라엘 백성들은 모세를 원망했습니다.

모세는 하나님께 기도를 드렸습니다. 그러자 하나님이 모세에게 말씀하셨습니다.

"내가 너희 이스라엘 백성들이 사는 고센 땅은 평온하게 하고 애굽에는 열 가지 재앙을 내리겠다. 그래야만 너희가 풀려날 것이다. 너는 애굽 왕에게 가서 내가 재앙을 내릴 것이라고 전해라."

모세와 아론은 다시 애굽 왕을 찾아가서 하나님의 말씀을 전했지만 애굽 왕은 코웃음을 쳤습니다.

하나님은 첫 번째 재앙으로 나일 강을 피로 물들게 하셨습니다. 그러나 애굽 왕은 끄떡도 하지 않았습니다. 두 번째 재앙으로 개구리가 온 애굽을 뒤덮었습니다. 그러나 이스라엘 백성들이 사는 고센 땅은 평온했습니다. 애굽 왕은 너무나 놀라서 모세와 아론을 불렀습니다.

"너희 하나님께 기도하여 개구리를 몰아내 준다면 너희가 여호와(하나님)께 제사를 드리게 허락하겠다."

모세는 왕궁을 나와서 기도했습니다. 개구리들이 모두 죽었습니다. 그러나 하나님의 말씀대로 애굽 왕은 이스라엘 백성들을 내보내지 않았습니다.

하나님은 세 번째 재앙으로 애굽 나라의 먼지가 다 '이'로 변하게 하셨습니다. 애굽 사람들이 고통스러워하였습니다. 애굽 왕이 다시 모세와 아론을 불러 이 재앙에서 풀어달라고 하여 모세는 다시 하나님께 기도하여 풀어줍니다. 이번에도 역시 애굽 왕은 또 거짓말을 합니다.

네 번째는 파리 떼 재앙, 다섯 째 재앙은 애굽의 가축이 모두 죽는 일이었습니다. 여섯 번째는 종기 재앙입니다. 애굽의 요술사들도 이 종기로 왕 앞에 나오지 못할 정도였습니다.

일곱 번째는 우박 재앙으로 애굽의 모든 농사를 망쳤습니다. 여덟 번째는 메뚜기 재앙입니다. 메뚜기들이 그나마 남아 있던 채소와 과일들을 다 먹어치웠습니다. 애굽은 완전히 망할 지경입니다.

그럼에도 애굽 왕은 고집을 피우고 있었습니다. 아홉 번째는 온 애굽이 어두워졌습니다. 그야말로 암흑입니다. 사실 애굽에서 가장 중요한 신은 태양신입니다. 그런데 태양신이 죽은 것처럼 온 애굽 땅이 암흑으로 변했으니 여호와(하나님)를 인정하지 않을 수 없습니다.

애굽 왕은 급히 모세와 아론을 불렀습니다.

"제발 여호와(하나님)께 기도해서 우리에게 빛을 달라."

애굽 왕의 말을 듣고 모세는 왕궁을 나가서 하나님께 기도를 드립니다. 어둠이 물러가니 애굽 왕은 또다시 거짓말을 하며 이스라엘 백성들을 보내지 않습니다.

하나님은 모세에게 애굽에 열 번째 재앙을 내리겠다고 말씀하십니다.

"내가 애굽의 모든 큰아들을 죽이는 재앙을 내릴 것이다. 너희 이스라엘 백성들은 양을 잡아 양의 피를 문 입구에 뿌려라. 문 입구에 양의 피가 묻어 있는 집은 재앙(큰아들이 죽음)이 넘어갈 것이다."

하나님은 드디어 열 번째 재앙을 내리십니다. 애굽 나라의 첫째 아들(큰아들)은 다 죽었습니다. 애굽 왕의 큰아들(왕자)도 죽었습니다. 애굽 전체에 통곡 소리가 울려 퍼집니다. 하지만 이스라엘 백성이 사는 고센 땅은 평온했습니다.

왕도 통곡을 하다가 한밤중에 모세와 아론을 불러 말합니다.

"너희들 하고 싶은 대로 다하고 애굽을 떠나라. 그리고 나를 위해서 여호와(하나님)께 복을 빌어 달라."

BC 1447년 드디어 이스라엘 백성들은 애굽의 노예에서 벗어나게 되었습니다. 애굽에서 나올 때 요셉의 유골을 가지고 나왔습니다. 하나님께서 아브라함에게 "너의 자손이 애굽에서 나올 것이다"라고 약속하셨던 일이 이루어졌습니다.

이스라엘 백성들은 애굽의 고센 땅 라암셋을 떠나 약속의 땅 가나안을 향해서 출발합니다(지도 참조). 하나님께서 낮에는 구름기둥으로 뜨거운 햇빛을 막아 주셨고, 밤에는 불기둥으로 불을 밝혀서 길을 비추어 주셨습니다. 이스라엘 백성들은 숙곳을 지났습니다(지도 참조).

한편 애굽에서는 그렇게도 많던 노예가 없어지자 난리가 났습니다. 왕이 애굽에서 특별히 고른 전차 600대와 다른 전차들을 전부 이끌고 이스라엘을 쫓아옵니다. 모세가 이끄는 이스라엘은 홍해 바다 앞에 서 있습니다(지도 참조). 뒤에는 애굽의 정예부대가 코앞까지 쫓아왔습니다. 애굽의 군사들이 가까워질수록 이스라엘의 백성들은 두려움에 떨면서 모세를 원망합니다.

하나님께서 모세에게 말씀하십니다.

"네 지팡이를 들어 바다를 가리켜라. 그러면 바다가 갈라질 것이다. 내가 애굽 왕과 그의 모든 군사들과 전차들을 물리쳐서 애굽 사람들도 내가 여호와라는 것을 알게 될 것이다."

이스라엘 백성들 위에 떠 있던 구름기둥이 애굽의 군사들과 이스라엘 백성들 사이에 섰습니다. 애굽 군대 쪽이 어두워져서 앞이 보이지 않게 되었습니다. 그리하여 밤새도록 애굽 군대는 이스라엘을 따라잡지 못했습니다. 하나님께서 막아 주고 계셨습니다.

모세는 손을 들어 바다를 가리켰습니다. 그러자 하나님께서 밤새도록 강한 동풍을 일으키셔서 바닷물을 뒤로 밀어내셨습니다. 바다가 둘로 갈라지고 백성들이 걸을 수 있는 마른 땅이 되었습니다.

이스라엘 백성들은 눈으로 보고도 믿기지 않았습니다. 모세가 백성들을 재촉합니다. 이스라엘 백성들이 바다 한가운데를 마른 땅처럼 걸어서 바다를 건넜습니다. 그러자 이상한 구름 같은 것이 걷혔습니다.

애굽의 군사들이 정신을 차리고 보니 바다가 갈라져 있는 것이 보였습니다. 이스라엘 백성들이 바다를 완전히 건넌 것도 보였습니다. 애굽의 군사들은 놀라면서도 자신들도 건널 수 있을 것이라고 생각했습니다. 애굽 군사들이 득달같이 쫓아와서 바다 한가운데로 들어섰을 때에 바닷물이 다시 흘렀습니다. 애굽의 군사들은 비명소리를 낼 틈도 없이 몰살당하고 말았습니다.

이 광경을 지켜본 이스라엘 백성들은 혼이 빠질 정도로 놀란 채 하나님을 두려워하면서 하나님께 감사의 예배를 드렸습니다. 이스라엘은 다시 가나안 땅을 향해 출발했습니다.

애굽에서 나온 지 한 달이 되는 날에 이스라엘 백성들은 광야로 들어갑니다(지도 참조). 기나긴 여정에 지친 백성들은 먹을 것이 없자 또 불평을 합니다. 하나님은 저녁에 메추라기를 보내주셨습니다. 백성들은 메추라기를 많이 잡았습니다. 아침에는 하늘에서 만나가 내렸습니다. 만나는 작고 둥글며 흰색으로 약 3mm 정도였으며 죽처럼 끓여 먹거나 빵처럼 구워 먹었고 맛은 꿀 섞은 과자 같았습니다.

모세가 백성들에게 말합니다.

"이 만나는 하나님께서 여러분에게 주신 것입니다. 아침에 일어나면 이 만나를 주워서 하루의 양식으로 삼으십시오. 그러나 한 가지 주의할 점이 있습니다. 이 만나는 하루 분량입니다. 욕심을 부리지 마십시오. 많이 가져가도 다음 날이면 썩어서 먹지 못합니다. 그러나 토요일에는 만나가 두 배로 내립니다. 왜냐하면 안식일(주일)에는 만나가 내리지 않기 때문입니다. 그러므로 토요일에는 안식일(주일) 것까지 두 배로 주워가십시오. 토요일에 내리는 만나는 그다음 날인 안식일(주일)이 되어도 썩지 않을 것입니다."

얼마 전에 하나님의 기적으로 바다를 육지처럼 건넜던 백성들입니다. 애굽 왕과 군사들이 모두 바다에 빠져 죽는 것도 보았습니다. 그럼에도 불구하고 이게 웬일입니까? 일부 백성은 하나님의 말씀을 어기고 만나를 많이 주웠다가 썩어서 버립니다. 어떤 사람은 안식일(주일)에 만나를 주우러 갔다가 허탕을 치기도 했습니다.

안식일이란 하던 일을 멈추고 쉬는 날을 말하는데, 이는 태초에 하나님이 6일 동안 천지를 창조하시고 제7일에는 쉬신 것처럼 인간도 그날을 구별하여 거룩하게 지키며 안식하는 날입니다.

모세는 아론에게 항아리 하나를 가져오라고 해서 만나를 항아리에 넣어 두었습니다. 이 항아리에 넣어 둔 만나는 세월이 흘러도 썩지 않았습니다.

이스라엘은 광야를 떠나 시내 산 근처에 도착하였습니다(지도 참조). 이 소식(홍해에서 벌어진 놀라운 일)을 들은 아말렉 사람들은 혹여 이스라엘이 자신들의 땅을 차지할까 두려워 이스라엘과 전쟁을 하려고 달려왔습니다. 모세는 여호수아를 대장으로 임명하고 아말렉과 싸우게 했습니다. 여호수아는 이제까지 모세 옆에서 모세의 시중을 들던 장군입니다.

이스라엘이 싸우는 동안에 모세는 아론(형)과 훌(매형)을 데리고 산 위로 올라가 하나님께 기도를 합니다. 모세가 팔을 들고 기도할 때는 이스라엘이 이기고, 팔을 내리고 기도할 때는 아말렉이 이겼습니다. 아론과 훌이 해가 질 때까지 모세의 팔을 붙들고 있었습니다. 여호수아는 아말렉을 무찔렀습니다.

이스라엘은 애굽에서 나온 지 두 달 만에 시내 산에 도착했습니다. 모세는 하나님을 만나러 시내 산으로 올라갑니다. 시내 산에서 하나님은 모세에게 선포하십니다.

"이스라엘 백성들은 나의 거룩한 백성들이 될 것이다."

그리고는 열 가지 계명(십계명)을 주신 후에 모세에게 약속하십니다.

"내가 앞으로 너희가 들어갈 가나안 땅의 사람들을 전멸시킬 것이다."

하나님은 시내 산에서 모세에게 약속하십니다.

"내가 너희(이스라엘) 가운데 있겠다."

그러려면 하나님이 계실 집이 필요합니다. 하나님은 모세에게 성막(이동할 수 있는 하나님의 집)을 만들라고 하십니다. 그리고는 두 개의 돌판에 십계명을 새겨서 모세에게 주십니다. 모세가 시내 산에서 내려올 때에는 얼굴에서 빛이 났습니다.

모세는 백성들에게 안식일(주일)에는 완전히 쉬어야 할 것을 가르치고 나서 하나님의 궤와 성막을 만들어야 한다고 설명했습니다. 백성들은 기쁜 마음으로 성막을 만들기 위해서 예물을 가져왔습니다. 백성들이 가져온 예물로 하나님의 궤와 성막을 만들기 시작합니다. 하나님의 궤를 다 만들고 나서 궤 안에 십계명이 기록된 돌판(언약의 말씀)을 넣었습니다. 그리하여 이 궤의 이름을 하나님의 언약궤라고 부르게 되었습니다. 백성들은 하나님께서 직접 만들어 주신 설계도 그대로 성막을 다 만들었습니다.

이스라엘 백성들이 성막을 세운 것은 애굽에서 나온 지 1년이 된 날이었습니다. 하나님께서 성막에 오시자 성막에는 기이한 빛이 가득 찼고, 이스라엘 백성들은 하나님께 기쁨의 예배를 드리며 하나님을 찬양하였습니다.

이제 이스라엘은 나라가 되었습니다. 하나님은 모세와 이스라엘 백성들에게 가르치실 것이 있었습니다. 가나안 땅에 들어가기 전에 이들이 알아야 할 것들이 아주 많았기 때문입니다. 현재 이스라엘 백성들이 가서 점령해야 할 가나안에는 7족속이 살고 있습니다. 이스라엘은 7족속을 다 몰아내야 합니다. 모세는 하나님이 주신 말씀들을 모아서 시내 산에서 레위기를 기록합니다.

레위기

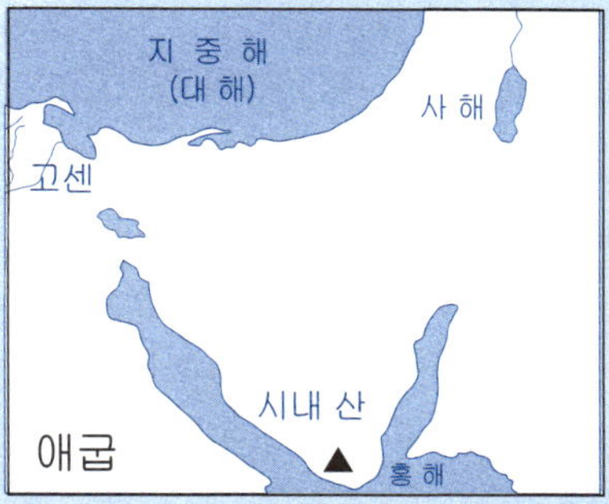

레위기(레위인의 책)는 시내 산에서 모세를 통해 이스라엘 백성들에게 주신 율법책입니다.

하나님께서 레위 지파를 제사장으로 임명하셨습니다. 그리고 하나님은 백성들이 건강하게 살기를 원하셔서 말씀하십니다. 전염병이 유행할 때는 어떻게 해야 하며 아이를 출산할 때는 어떻게 해야 하는지…….

그리고 하나님과의 깊은 만남을 위해 해야 할 5가지 제사법과 제사장의 책임을 말씀하셨습니다.

가나안 땅에 살고 있는 사람들(7족속)은 소돔 사람들처럼 성적으로, 도덕적으로 타락해 있었습니다. 그들은 이웃의 아내와 음행을 행하고 심지어 친척들도 범하고 있었습니다. 또 자식들을 몰렉(암몬 족속의 신)에게 제물로 바치고 있었습니다.

그러므로 가나안 땅을 점령할 때에 이들을 모두 멸망시켜야 합니다. 그래야만 이스라엘 백성들이 유혹에 빠지지 않게 되고 우상을 섬기지 않게 되기 때문입니다.

말씀 정리

야곱의 가족 70명이 애굽(이집트)에서 사는 동안 그들은 약 200만 명으로 불어났습니다. 야곱의 가족은 큰 민족이 되었지만 이들은 애굽에서 노예생활을 하고 있었습니다. 하나님은 모세를 통해 이들을 가나안 땅으로 인도하십니다.

하나님은 10가지 재앙을 통해 바로 왕(애굽 왕)을 굴복시키시고 이스라엘 백성들을 애굽에서 탈출시키십니다. 이스라엘은 애굽에서 탈출하여 시내 산에 도착하여 성막을 만듭니다.

모세오경

모세는 성경 5권을 기록했는데 그 성경을

모세5경이라 부릅니다.

창세기, 출애굽기, 레위기, 민수기, 신명기.

민수기 지도 1 – 기브롯 핫다아와(현재: 가자 지구), 암몬, 모압, 에돔(현재: 요르단),
미디안은 아모리에 정복당했음

03
민수기

BC 1447~1407년까지의 기록입니다.

이스라엘 백성들이 애굽을 탈출하여 시내 산까지 오는 데 2개월이 걸렸고, 시내 산에서 약 11개월을 살았습니다.

11개월 동안 이스라엘 백성들은 모세를 통해서 하나님께 십계명을 받았습니다. 또한 레위기에 기록된 대로 이스라엘 백성들이 가나안 땅에서 어떻게 살아야 하는지도 배웠습니다. 하나님의 언약궤를 만들었고, 이동하면서도 하나님께 예배를 드릴 수 있는 성막도 만들었습니다.

시내 산에서 할 일을 다했으니 이제 출발을 해야 합니다. 이스라엘 백성들이 시내 산을 떠나서 가야 하는 목적지는 가나안 땅입니다. 그곳에는 많은 사람들(가나안 7족속)이 살고 있습니다. 그들을 몰아내려면 군사들이 있어야 합니다. 이스라엘 군사들은 얼마나 될까요?

하나님께서 시내 산의 성막에서 모세에게 말씀하셨습니다.

"20세 이상 된 남자의 수를 세어 각 부대별로 적어라."

수를 세어 보니 남자들은 약 60만 명입니다. 그 후에 하나님은 이스라엘 백성들에게 유월절을 지키라고 말씀하십니다. 유월절은 '하나님이 애굽 나라의 모든 큰아들을 죽이실 때에 이스라엘 백성들의 큰아들은 죽이지 않고 넘어갔다'라는 의미의 절기입니다. 하나님께서 이스라엘을 애굽의 노예에서 건져 주신 것을 감사하는 날이 유월절입니다.

이스라엘 백성들은 하나님의 언약궤(법궤)를 앞에 두었습니다. 언약궤를 앞세우고 이동을 해야 하기 때문입니다. 하나님의 언약궤는 나무로 만든 상자 형태이며 뚜껑은 순금판으로 되어 있습니다. 언약궤는 하나님의 임재(하나님의 초월한 권능이 나타나는 때)를 상징하는 것으로서, 십계명이 적힌 돌판이 들어 있습니다.

언약궤를 준비하는 것 외에도 떠날 준비를 모두 마쳤습니다. 이스라엘은 드디어 가나안 땅을 향하여 출발을 합니다.

얼마를 가다가 기브롯 핫다아와에 도착한 백성들은 지쳐서 불평을 합니다(지도 참조). 매일 만나만 먹고 고기를 먹지 못했기 때문입니다.

하나님은 백성들의 불평을 들어주셨습니다. 하나님은 바다에서 강한 바람을 일으키셔서 메추라기를 사방으로 하룻길 갈 정도의 땅에 90cm 정도 쌓이게 하셨습니다. 백성들은 낮부터 밤새도록 메추라기를 모아서 고기를 실컷 먹었습니다.

이스라엘은 기브롯 핫다아와를 떠나 바란 광야에 있는 가데스 바네아에 도착했습니다(지도 참조). 가데스 바네아에서 하나님은 모세에게 12지파(야곱의 열두 아들의 후손들) 가운데 지도자 한 사람씩 12명을 뽑아 가나안 땅을 정탐(사정을 몰래 알아봄)시키라고 하십니다. 12명의 정탐꾼(지도자)들은 40일 동안 가나안 땅을 정탐하고 돌아왔습니다.

그런데 이게 웬일입니까? 10명의 정탐꾼들이 겁에 잔뜩 질린 표정으로 모세와 백성들에게 부정적인 보고를 합니다.

"가나안 땅은 젖과 꿀이 흐르는 땅이 맞습니다. 하지만 그 땅에는 거인들이 살고 있습니다. 우리는 그 거인들을 이길 수 없습니다."

하지만 같이 정탐을 하러 갔던 나머지 두 명인 여호수아와 갈렙은 벌떡 일어서서 외칩니다.

"여러분! 가나안 땅은 하나님께서 우리에게 주신 땅이 맞습니다. 그러므로 그 땅에 거인들이 있어도 우리는 그 땅을 점령할 수 있습니다."

그러나 나머지 10명의 정탐꾼들이 우리는 그 거인들에 비하면 메뚜기처럼 보잘것없다면서 백성들을 선동합니다. 백성들은 아우성치고 밤새도록 통곡하며 모세와 아론을 원망합니다.

"우리가 차라리 애굽의 노예로 돌아가는 것이 나을 것이오. 지도자를 다시 뽑아서 애굽으로 돌아갑시다."

여호수아와 갈렙은 다시 한 번 백성들에게 말합니다.

"하나님이 우리와 함께 계시니 그 거인들을 두려워할 필요가 없습니다."

그러나 백성들은 오히려 여호수아와 갈렙을 돌로 쳐서 죽이려고 합니다. 이 모습을 보신 하나님은 노하시며 모세에게 말씀하십니다.

"이 백성이 언제까지 나를 무시할 것인가? 이들을 전염병으로 치고 너를 통하여 이들보다 더 크고 힘센 나라를 만들 것이다."

모세는 엎드려 하나님께 기도합니다.

"하나님! 백성들의 죄를 용서하여 주십시오."

모세의 기도를 들으신 하나님은 대답하십니다.

"용서하겠다. 하지만 20세가 넘은 어른들은 이 광야에서 죽을 것이다. 여호수아와 갈렙 외에 20세가 넘은 어른들은 어느 누구도 내가 약속한 가나안 땅에 들어갈 수 없다. 너희 자식들은 40년 동안 광야에서 떠돌아다닐 것이다."

결국 가데스 바네아에서 하나님을 믿지 못하던 이스라엘 백성들은 약속의 땅 가나안에 들어가지 못했습니다. 이스라엘 백성들은 가데스 바네아를 떠나 바란 광야에서 약 40년을 살았습니다. 이 광야에서 40년을 사는 동안 모세, 아론, 여호수아와 갈렙을 제외한 20세 이상의 어른들이었던 사람들은 다 죽었습니다.

애굽에서 탈출한 지 40년이 되는 해 1월에 이스라엘 백성들이 다시 가나안 땅으로 출발합니다. 광야를 떠돌던 백성들이 가데스 바네아에 도착했습니다.

하지만 가데스 바네아에 마실 물이 없었습니다. 백성들은 이내 모세를 원망하였고 모세는 기도합니다. 그러자 하나님께서 모세에게 말씀하십니다.

"너는 지팡이를 들고 저 바위에게 명령하라. 바위에서 물이 나올 것이다."

모세는 지팡이를 들고 바위를 두 번 쳤습니다. 모세가 친 바위에서 물이 솟아나와 백성들과 가축 떼가 마셨습니다. 백성들은 이곳 물을 '므리바 물'이라고 불렀습니다. 므리바는 '분쟁'이란 뜻으로 이스라엘 백성이 먹을 물이 없어 불평할 때 모세가 반석을 쳐서 갈증을 해소한 장소입니다.

모세는 가데스 바네아에서 에돔 왕에게 사신을 보내 에돔 땅을 통과할 수 있도록 허락하여 달라고 부탁합니다. 그러나 에돔 왕은 거절합니다.

가데스 바네아를 출발하여 호르 산에 도착하게 되는데, 이곳에서 아론(모세의 형)이 죽습니다(지도 참조). 백성들은 아론을 위해 30일 동안 슬퍼하며 울었습니다.

이스라엘은 에돔 땅을 돌아가야 했기 때문에 홍해로 가는 길을 따라가야 했습니다(지도 참조). 마음이 조급해진 백성들은 하나님과 모세를 원망합니다.

하나님은 독사를 보내셨고 독사에 물려 죽는 백성들이 많아졌습니다. 그러자 모세는 하나님께 백성들을 살려 달라고 기도합니다. 하나님께서 모세에게 말씀하십니다.

"너는 구리(붉은 금속으로 '동'이라고도 함)로 뱀을 만들어서 기둥에 달아 놓아라. 물린 사람 중 누구든지 구리로 만든 뱀을 쳐다보면 살리라."

모세가 구리로 뱀을 만들어 기둥에 매달아 놓았습니다. 하나님이 약속하신 말씀을 믿고 구리로 만든 뱀을 쳐다본 사람은 다 살아났습니다.

이스라엘은 계속 이동하여 모압 골짜기에 도착합니다(지도 참조). 여기서 아모리 나라의 왕에게 사신을 보냅니다.

"이스라엘은 가나안 땅으로 가야 합니다. 아모리 땅을 잠시 지나가게 해주십시오."

그러나 아모리 왕도 이스라엘이 자기 땅을 지나가는 것을 허락하지 않고 오히려 군대를 이끌고 싸우자고 덤벼듭니다. 이스라엘은 아모리를 물리치고 아모리의 모든 땅을 차지합니다.

이스라엘은 요단 강을 사이에 두고 가나안 땅의 동쪽 편을 차지했습니다(지도 참조). 그런 후에 이스라엘은 모압 평지에 진을 쳤습니다. 모압 평지는 여리고 맞은편입니다(지도 참조).

한편 모압이라는 나라는 이스라엘을 매우 두려워했습니다(지도 참조). 당시에는 선견자(점술가)들이 있었는데 이 선견자가 저주를 하는 나라는 전쟁에서 진다고 알려져 있었습니다.

모압 왕은 당대 최고의 선견자인 발람을 돈을 많이 주고 불렀습니다. 그리고 이스라엘을 저주해 달라고 부탁합니다.

그러나 이방신(여호와 하나님이 아닌 다른 신)의 선견자인 발람은 오히려 이스라엘을 축복하게 됩니다. 하나님이 발람을 움직이셨기 때문입니다. 그는 하나님의 말씀을 전하게 됩니다.

"하나님은 사람이 아니시니 거짓말을 하지 않으시며 이스라엘에 맞설 술법도 없다."

그러자 모압 왕이 발람에게 말합니다.

"그들에게 저주도 빌지 말고 복도 빌지 마시오."

그렇지만 발람은 마지막 예언을 선포합니다.

"한 별(장차 오실 메시아)이 이스라엘에서 나와 모압과 에돔을 칠 것이다."

그러고 나서 발람은 모압 왕에게 다른 방법을 가르쳐 줍니다. 모압 여인들을 예쁘게 꾸며 이스라엘 백성들을 유혹해서 바알(풍요의 신)을 숭배하게 하라는 꾀입니다. 그 후에 많은 이스라엘 백성들이 이 꾐에 빠집니다.

이스라엘이 싯딤에 있을 때 모압 나라와 미디안 나라의 여자들이 바알 신을 섬기는 제사에 이스라엘 백성들을 초대했습니다(지도 참조). 바알 신을 섬기는 제사는 언제나 성적인 음란이 뒤섞여 있습니다.

모압과 미디안 여자들이 이스라엘 백성들을 유혹해서 음란한 짓을 합니다. 여자들의 유혹에 빠진 이스라엘 백성들이 자연스럽게 바알 신을 섬기기 시작했습니다. 하나님께서 크게 진노하셔서 전염병을 일으키셨습니다. 이 전염병에 죽은 이스라엘 백성들이 2만 4천 명이었습니다.

전염병이 지나간 뒤에 하나님은 모세에게 이스라엘 군사의 숫자를 확인하라고 하십니다. 군사들은 모두 60만 1,730명이었습니다. 하나님은 모세에게 말씀하십니다.

"백성들을 유혹해서 바알 신을 섬기게 한 미디안을 치라."

이스라엘은 미디안을 쳐서 남자들을 다 죽였고, 여자와 아이들과 가축은 죽이지 않고 빼앗아 가져왔습니다.

모세는 천부장(1,000명의 백성 지도자)과 백부장(100명의 백성 지도자)들에게 화를 냈습니다.

"이 여자들 때문에 하나님의 진노를 받아 우리 백성 2만 4천 명이 죽었소. 그러니 남자아이들과 남자와 동침한 적이 있는 여자들을 죽이시오."

백성들은 모세의 말대로 하였습니다.

이스라엘 12지파 중에 르우벤 지파와 갓 지파는 가축 떼가 매우 많았습니다. 그래서 이곳 가나안의 동쪽 땅을 달라고 모세에게 간청합니다(지도 참조). 야곱(이스라엘)의 아들은 12명이었고, 그 후손들이 각 지파가 되었습니다.

모세는 르우벤 지파와 갓 지파 사람들에게 조건을 걸고 땅을 줍니다.

"먼저 이 땅을 주겠소. 가족들은 이 땅에서 살되 당신네 군사들은 우리와 함께 요단 강을 건너가서 같이 가나안 서쪽 땅을 정복해야 하오. 그 후에 다시 이 동쪽 땅으로 돌아오시오."

모세는 갓 지파와 르우벤 지파와 므낫세 반 지파(지파의 일부)에게 가나안 동쪽 땅을 먼저 나누어 주었습니다.

모세는 모압 평지에서 가나안 땅을 바라보며 백성들에게 신명기 설교를 시작합니다(지도 참조).

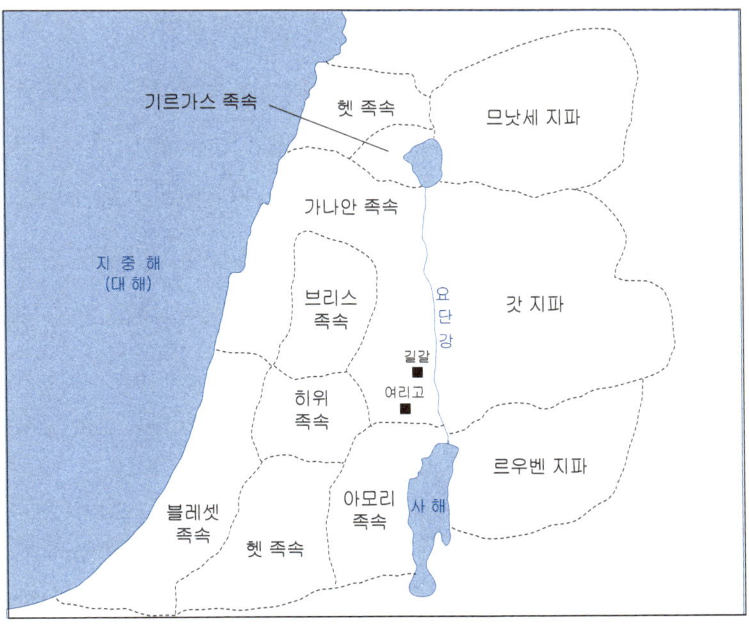

민수기 지도 2

신명기 모압 평지에서 한 모세의 설교

모세는 세 번에 걸쳐서 설교를 하는데 첫 번째 설교입니다.

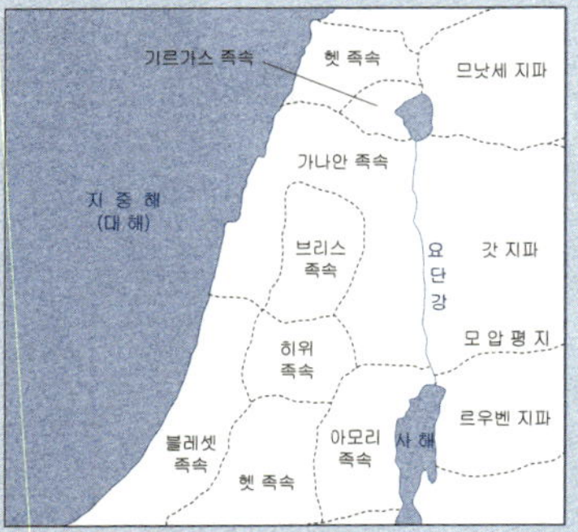

"하나님은 여러분에게 어떤 형상도 만들지 말고 어떤 우상도 섬기지 말라고 하셨습니다. 여러분이 하나님을 찾으려면 온몸과 마음을 다해 찾아야만 만날 수 있습니다."

두 번째 설교입니다.

"여러분은 하나님의 특별한 백성입니다. 하나님께 선택받은 거룩한 백성입니다. 그러므로 가나안 땅을 정복할 때에 가나안 땅의 이방인들을 모두 죽여야 합니다. 그래야 여러분이 이방인들처럼 우상을 섬기지 않을 것입니다. 여러분이 하나님의 말씀을 잘 들으면 어디를 가더라도, 그리고 모든 일에 복을 받을 것입니다."

세 번째 설교는 앞으로 이스라엘 백성들이 가나안 땅에 들어간 후에 벌어질 예언입니다.

"앞으로 여러분은 가나안 사람들을 다 쫓아내지 못하므로 우상을 숭배하다가 가나안 땅에서 쫓겨날 것입니다. 그렇지만 하나님은 여러분을 돌아오게 하시고 복을 주실 것입니다."

모세는 이 모든 말씀(신명기)을 적어서 레위 자손 제사장들과 장로(지도자)들에게 주었습니다. 모세는 여호수아를 후계자로 세우고 자신은 가나안 땅에 들어가지 못하고 120세에 죽었습니다.

말씀 정리

이스라엘은 시내 광야에서 인구 조사를 합니다. 그 후에 시내 산을 출발하여 가데스 바네아로 가게 됩니다. 여기서 가나안 땅으로 정탐꾼을 보내는데, 정탐에서 돌아온 10명의 정탐꾼들이 백성들에게 두려움을 주었고, 하나님께 순종하지 못한 이스라엘은 광야에서 40년을 사는 동안 20세 이상이었던 어른들은 모두 죽게 됩니다.

40년 후 모세는 남아 있는 젊은 세대들의 수를 다시 세어 본 후에 가나안 땅으로 출발합니다. 요단 강 동편을 점령한 후에 르우벤, 갓, 므낫세 반 지파에게 동편 땅을 나누어 준 후 모세는 죽음을 맞이합니다.

모세가 죽고 여호수아가 모세의 후계자가 되었습니다. 이스라엘 백성들은 가나안 땅을 점령할 수 있을까요?

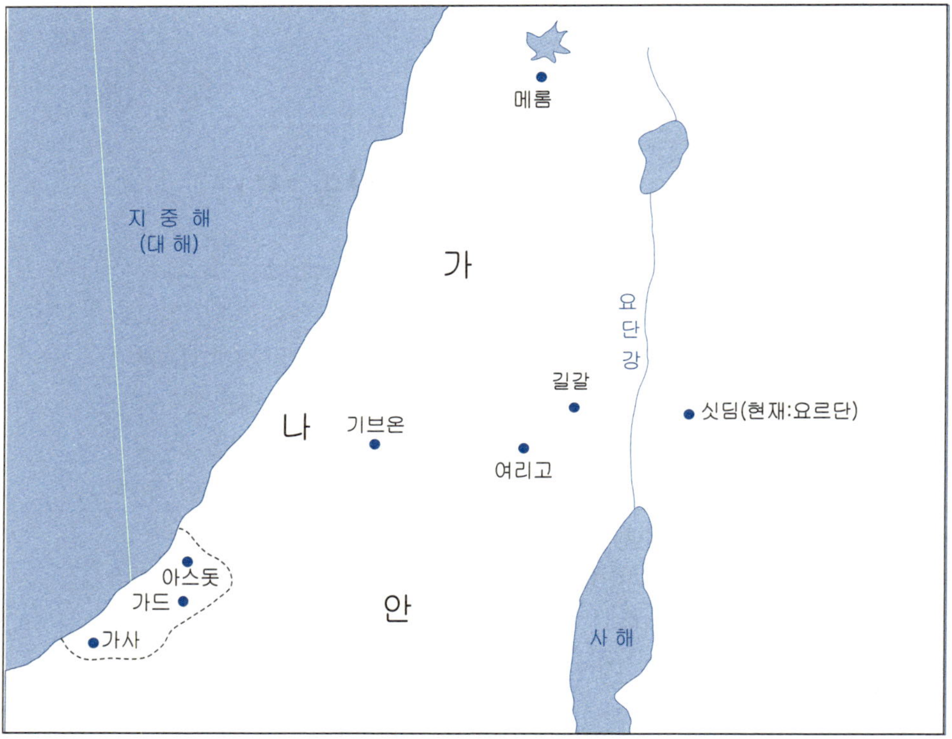

여호수아 지도 – 가나안(현재: 이스라엘), 여리고(현재: 서안 지구)

04
여호수아

BC 1407~1400년까지의 기록입니다.

모세가 죽자 여호수아가 지도자가 되었습니다. 여호수아는 백성들을 이끌어야 하는 것과 가나안 땅으로 가서 해야 할 전쟁 등 모든 것이 두렵기만 했습니다.

하나님께서 여호수아에게 말씀하십니다.

"내가 모세에게 약속한 대로 가나안 땅을 주겠다. 힘을 내고 용기를 가져라. 그리고 너는 이 율법책의 말씀을 잘 지켜라. 네가 가는 곳마다 내가 너와 함께할 것이다."

여호수아는 먼저 여리고 성을 점령해야 했기 때문에 싯딤(요단 강 건너편)에서 여리고 성으로 정탐꾼 두 명을 몰래 보내며 말합니다(지도 참조).

"가서 여리고 성을 잘 살펴보시오."

정탐꾼들은 요단 강을 건너 여리고 성으로 몰래 들어갔는데 그만 탄로가 났습니다. 여리고 왕이 정탐꾼들을 잡으려고 군사를 보냈습니다.

이때 기생이었던 라합이 하나님을 믿는 믿음을 가지고 정탐꾼들을 도와줍니다. 라합은 정탐꾼들에게 말합니다.

"나는 하나님께서 이 땅을 당신들에게 주신 것을 압니다. 우리는 두렵습니다. 당신들이 이 땅을 차지할 때에 우리 가족을 살려 주십시오."

정탐꾼들은 라합에게 대답합니다.

"우리가 책임지고 당신 가족을 살리겠습니다."

정탐꾼들은 라합의 도움으로 정탐을 무사히 마치고 돌아와 여리고 성 사람들이 이스라엘을 두려워한다고 보고를 합니다.

다음 날 여호수아는 아침 일찍 일어나 여리고 성을 점령하기 위해 길을 떠났습니다. 백성들과 함께 싯딤을 떠나 요단 강 앞까지 갔습니다. 그러나 요단 강의 물이 넘칠 정도로 흐르고 있어서 도저히 건널 수가 없었습니다.

하나님께서 여호수아에게 말씀하십니다.

"너는 언약궤를 멘 제사장들에게 요단 강가에 서 있으라고 말하여라."

여호수아는 지파별로 한 사람씩 12명의 제사장을 뽑아 언약궤를 메게 하였습니다. 그리고 백성들에게 하나님의 말씀을 전합니다.

"온 땅의 주인이신 하나님의 언약궤를 멘 제사장들의 발이 요단 강에 닿는 순간 흘러내리던 물이 멈출 것입니다."

정말 하나님의 말씀대로 언약궤를 멘 제사장들의 발이 요단 강 물가에 닿자 흘러내리던 물이 멈추었습니다. 저 멀리 사해 바다까지 강이 말라 버렸습니다.

백성들이 서둘러 강바닥의 마른 땅 위로 걸어서 요단 강을 건너갔습니다. 이스라엘 백성들은 하나님의 기적으로 홍해 바다도, 요단 강도 이렇게 건넜습니다. 이때가 BC 1406년입니다.

이스라엘이 하나님의 기적으로 요단 강을 건넜다는 소식을 들은 가나안의 여러 왕들은 두려워 떨었습니다.

요단 강을 건넌 이스라엘 백성들은 여리고 동쪽의 '길갈'이라는 곳에 천막을 쳤습니다(지도 참조). 이제 길갈이 이스라엘 백성들의 본거지(활동의 근거로 삼는 곳)가 되었습니다. 백성들은 길갈에서 유월절을 지켰습니다.

그다음 날부터 그 땅에서 나는 곡식을 먹게 되자 만나는 더 이상 내리지 않았습니다. 길갈에 백성들의 모든 식구들이 모여 살고 군사들은 여리고 성을 점령하기 위해서 여리고로 떠났습니다.

여리고 성은 이스라엘이 두려워 성문을 굳게 닫고, 아무도 다니지 못하게 했습니다. 여리고 성은 어설픈 공격으로는 절대로 무너뜨릴 수 없는 아주 견고한 성입니다. 하나님께서 여호수아에게 말씀하셨습니다.

"너희는 하루에 한 번만 여리고 성 주위를 그냥 돌았다가 오너라."

백성들은 하나님의 말씀을 그대로 믿고 6일 동안 그렇게 성 주위를 하루에 한 번씩 돌기만 했습니다. 그리고 7일째가 되는 날에 하나님께서 또 말씀하셨습니다.

"제사장들은 나팔을 불고 너희 군사들은 성을 7번 돌아라. 그리고 함성을 질러라."

제사장들은 나팔을 불고, 군사들이 일곱 번을 돌고 난 후 크게 함성을 질렀습니다. 그러자 기적이 일어났습니다. 그렇게 견고한 여리고 성벽이 저절로 무너진 것입니다.

이스라엘 군사들은 하나님의 뜻대로 성 안에 있던 남자나 여자나 노인이나 젊은이들을 모두 죽이고 소, 양, 나귀들도 죽였습니다. 그렇게 하지 않으면 이스라엘 백성들이 그들에게 현혹되어서 죄를 지을 것이기 때문입니다.

여호수아는 두 정탐꾼들의 목숨을 구해 준 기생 라합의 집 사람들은 모두 살려 주었습니다.

가나안 땅에는 여러 족속들이 살고 있었습니다. 가나안의 남쪽에 있는 모든 족속들이 이스라엘이 여리고 성을 점령하였다는 소식을 들었습니다. 여러 족속들 중에 기브온 족속은 이스라엘이 두려워 항복했습니다(지도 참조). 여호수아는 기브온 사람들을 제단(제사를 드리는 단) 돌보는 종으로 삼아 나무를 베고 물을 긷는 일을 하게 하였습니다.

기브온이 이스라엘에게 항복했다는 소식을 들은 가나안 남쪽의 모든 왕들이 연합하여 기브온을 공격합니다. 기브온 사람들이 급히 여호수아에게 전갈을 보냅니다.

“여러 왕들이 합심해서 우리를 공격하고 있습니다. 우리를 구해 주십시오.”

하나님께서 여호수아에게 말씀하십니다.

“내가 그들 중 누구도 너에게 맞서지 못하게 할 것이다.”

여호수아는 길갈에서 떠나 기브온을 구하러 갑니다. 하나님께서 남쪽의 연합군들에게 큰 우박을 내리셨습니다. 우박에 맞아서 죽은 사람이 칼에 찔려서 죽은 사람보다 많을 정도였습니다.

그런데 그들을 다 죽이기에는 시간이 부족했습니다. 해가 저물고 있었기 때문입니다. 여호수아가 외쳤습니다.

“태양아, 기브온 위에 멈추어라.”

이스라엘이 남쪽의 연합군들을 다 정복할 때까지 태양이 멈추었습니다. 그런 날은 전에도 없었고, 이후에도 없을 것입니다. 이렇게 하나님은 태양을 멈추어 낮을 더 길게 하심으로 이스라엘이 완전하게 이길 수 있도록 도와주셨습니다. 여호수아는 계속해서 남쪽의 나머지 지역도 정복하고 길갈로 돌아왔습니다.

이러한 소식을 들은 북쪽에 있는 왕들도 이스라엘이 두려워서 연합하였습니다. 연합한 군사들과 전차와 말이 수도 없이 많았습니다. 이스라엘은 이들 연합군들과 메롬 물가에서 마주쳤습니다(지도 참조).

그날 하나님께서 여호수아에게 말씀하셨습니다.

"그들 때문에 걱정할 것 없다. 내일 이맘때에 그들 모두를 죽일 것이다."

그다음 날 이스라엘의 모든 군대가 북쪽의 연합군들을 덮쳐서 다 죽였습니다. 이제 이스라엘 땅 안에는 거인들은 아무도 없고 가사와 가드와 아스돗에만 약간 남았습니다(지도 참조).

여호수아는 가나안 온 땅을 차지했고, 그 땅을 12지파에게 나누어 주었습니다. 가나안 땅에서의 모든 싸움이 끝났고 이스라엘은 쉼을 얻었습니다.

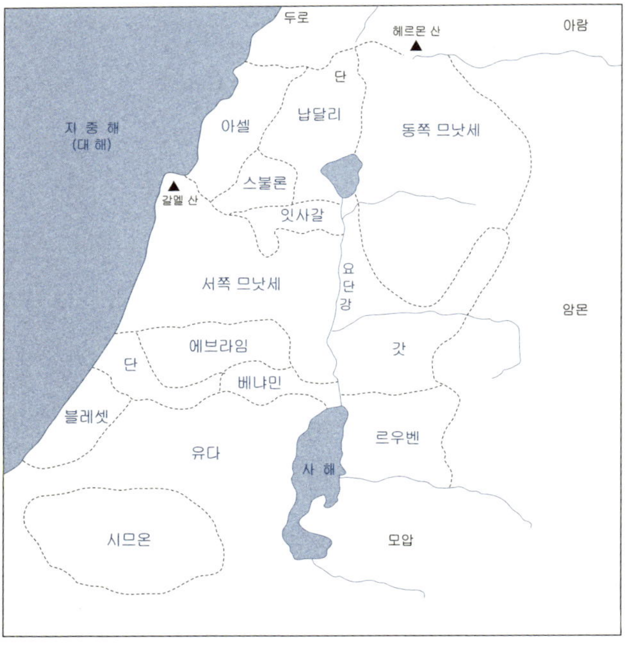

레위 지파는 제사장 지파이므로 땅을 받지 못하고,
요셉의 두 아들(에브라임, 므낫세) 지파가 땅을 받음.

여호수아는 르우벤 지파와 갓 지파, 그리고 므낫세 동쪽 지파의 군사들을 불러 이야기합니다.

“너희는 우리와 한 약속을 잘 지켰다. 전쟁이 끝났으니 이제 너희 가족이 있는 요단 강 동쪽으로 돌아가도 좋다.”

여호수아는 늙어 죽음을 앞두고 있었습니다. 여호수아도 모세처럼 고별 설교를 합니다.

“여러분은 모세의 율법책에 쓰여 있는 모든 말씀에 복종하십시오. 그렇지 않고 다른 신을 섬기면 이 약속의 땅 가나안에서 쫓겨날 것입니다.”

그러고 나서 여호수아는 선포합니다.

“나와 내 집은 하나님만 섬길 것이라.”

백성들도 응답합니다.

“우리도 하나님만 섬길 것입니다.”

여호수아는 110세에 죽었습니다. 그 후로 당시 기적을 체험한 사람들은 하나님을 잘 섬겼습니다. 하지만 기적을 체험했던 백성들이 모두 죽은 뒤에 사람들은 하나님을 떠났습니다. 하나님을 떠난 이스라엘 백성들은 어떻게 될까요?

말씀 정리

여호수아와 이스라엘 백성들은 여리고 성을 점령하고 약 5년 동안 전쟁을 통해서 가나안 땅을 점령합니다. 여호수아는 가나안 땅에서 살고 있었던 31명의 왕들과의 싸움에서 승리한 후에 각 지파의 규모에 맞게 땅을 나누어 주었습니다. 드디어 하나님께서 아브라함과 약속하신 일이 이루어졌습니다.

하지만 이스라엘이 가나안 땅을 전부 점령한 것은 아닙니다. 따라서 가나안 족속이 아직 곳곳에 남아 있는 상황입니다.

여호수아와 당시 지도자들이 죽은 후의 이스라엘 백성들의 모습이 사사기에 이어집니다.

05
사사기

BC 1375~1050년까지의 기록입니다.

하나님은 아브라함의 손자 야곱(이스라엘)의 후손(12지파)들로 '하나님의 나라'(이스라엘)를 만드셨습니다. 지금 이스라엘 12지파의 백성들은 여호수아로부터 땅을 분배받아서 각 지파별(12지파)로 가나안 땅에 살고 있습니다. 가나안 땅은 하나님께서 믿음의 조상인 아브라함에게 "네 자손에게 주리라"고 약속하셨던 땅입니다.

백성들은 하나님께서 주신 가나안 땅에서 살고 있지만 하나님은 이스라엘에 왕을 주시지 않았습니다. 그 이유는 하나님이 이스라엘의 왕이시기 때문입니다. 그런 이유로 하나님은 레위 지파를 제사장 지파로 세우셨습니다. 제사장 지파가 이스라엘 백성들을 다스려야 합니다. 레위 지파의 제사장들이 백성들에게 하나님의 말씀을 전하면 백성들은 그 말씀대로 살면 되기 때문에 이스라엘에는 왕이 필요 없습니다.

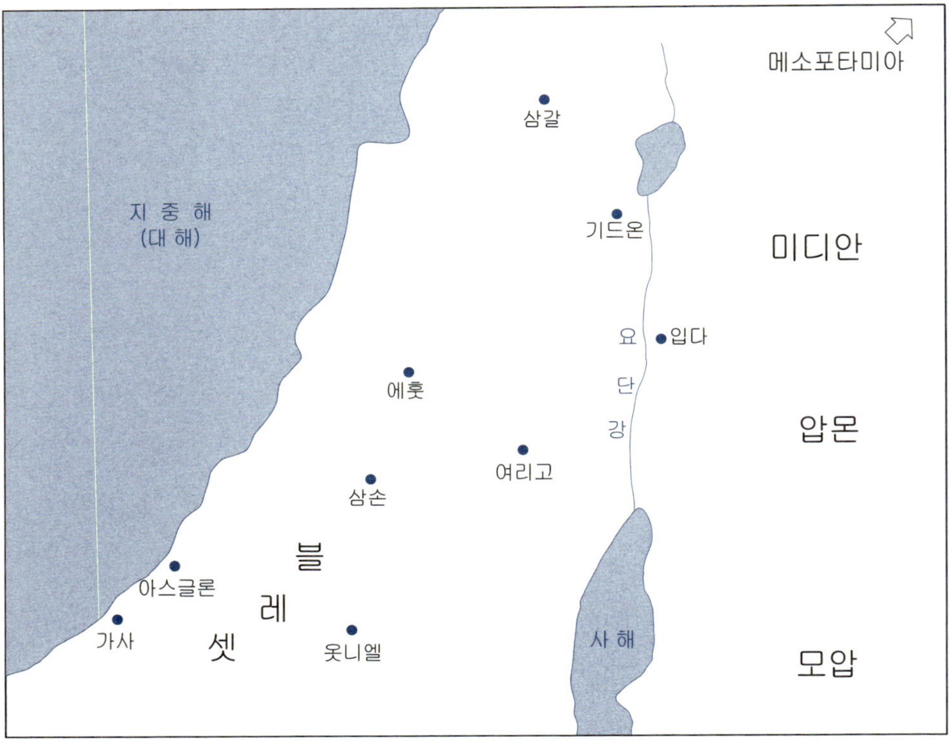

사사기 지도 1

그런데 이게 웬일입니까? 이스라엘 백성들이 하나님을 버리고 이방신을 섬기며 살아갑니다. 하나님을 멀리하고 살다 보니 재앙이 찾아와 심히 괴로웠습니다.

'메소포타미아'라는 나라가 쳐들어와서 이스라엘을 8년 동안 정복하고 못살게 굴었습니다(지도 참조). 백성들이 하나님께 부르짖으니 하나님은 옷니엘을 사사(하나님이 보내신 지도자)로 세우셔서 메소포타미아를 물리치게 하셨습니다. 옷니엘이 죽을 때까지 40년 동안 평화가 찾아왔습니다.

백성들이 하나님께 또 죄를 짓자 이번에는 모압이 쳐들어와서 이스라엘을 18년 동안 정복했습니다(지도 참조). 백성들은 하나님께 도와달라고 호소합니다. 하나님은 에훗을 사사로 세우셔서 도와주셨습니다. 80년 동안 평화가 찾아왔습니다.

후손들이 또 죄를 짓습니다. 이번에는 블레셋이 이스라엘로 쳐들어와 고통을 줍니다(지도 참조). 하나님은 삼갈을 사사로 부르시고는 블레셋을 무찌르셨습니다.

또다시 후손들이 하나님과 멀어졌습니다. 이번에는 미디안이 이스라엘을 정복하여 7년 동안 다스렸는데 아주 포악했습니다(지도 참조). 백성들은 고통을 이기지 못하고 온 힘을 다해 하나님을 찾았습니다.

하나님은 기드온을 사사로 선택하셨습니다. 미디안은 너무 강한 나라여서 군사들이 바닷가의 모래처럼 많았지만 기드온에게는 군사들이 총 3만 2천 명뿐이었습니다.

하나님은 기드온에게 이해할 수 없는 명령을 내리십니다. 3만 2천 명도 많으니 300명의 군사만 남기고 다 집으로 돌려보내라고 하십니다. 기드온은 하나님의 말씀대로 하였습니다. 하나님이 기적을 베풀어 주셔서 기드온은 단 300명의 군사를 데리고도 엄청나게 많은 미디안과 싸워 대승을 거두었습니다.

하지만 그 후에도 백성들은 하나님을 섬기지 않습니다. 이번에는 암몬이 이스라엘을 18년 동안이나 정복하여 억압했습니다(지도 참조). 고통이 심했던 백성들은 하나님께 부르짖었습니다. 하나님은 입다를 사사로 세우셔서 암몬을 몰아내셨습니다.

이스라엘이 또 하나님을 떠납니다. 블레셋이 쳐들어와서 이스라엘을 무려 40년 동안 다스렸습니다(지도 참조). 하나님은 삼손을 사사(하나님이 세우신 지도자)로 세우시면서 삼손에게 엄청난 힘을 주셨습니다.

그런데 이 삼손은 하나님의 뜻대로 살지 않고 오히려 블레셋의 여자 들릴라를 좋아합니다. 들릴라는 매일 삼손에게 힘의 비밀을 알려달라고 졸라댔습니다. 블레셋 지도자들이 들릴라에게 힘의 비밀을 알아오라고 협박도 하고 돈을 많이 준다고 했기 때문입니다.

결국 삼손은 들릴라에게 힘의 비밀(머리를 깎으면 힘이 없어짐)을 말해버렸습니다. 삼손이 잠들어 있는 사이 들릴라는 삼손의 머리를 깎아버립니다. 삼손은 하나님이 주신 힘을 잃어버리고 블레셋에 잡혀가서 두 눈이 뽑히고 쇠사슬로 묶여서 감옥에 갇혀 버렸습니다.

어느 날 블레셋의 왕들이 다곤 신(블레셋의 신)에게 제사를 드리기 위해 블레셋의 신전(블레셋의 신 다곤을 놓아 둔 건물)에 모였습니다. 이들은 다곤이 삼손을 잡게 해주셨다고 기뻐하며 삼손을 불러 재주를 부리게 하였습니다.

삼손은 재주를 부리다가 눈물을 흘리며 하나님께 마지막으로 한 번만 도와달라고 기도를 합니다. 그리고 삼손은 신전 한가운데 두 기둥을 붙잡고 있는 힘을 다해 밀었습니다. 삼손은 블레셋의 지도자들 약 3천 명이 모여 있는 신전을 무너뜨리며 그들과 같이 죽었습니다.

사사들의 이야기는 끝이 나고 이제 레위인에 관한 두 가지 이야기가 시작됩니다.

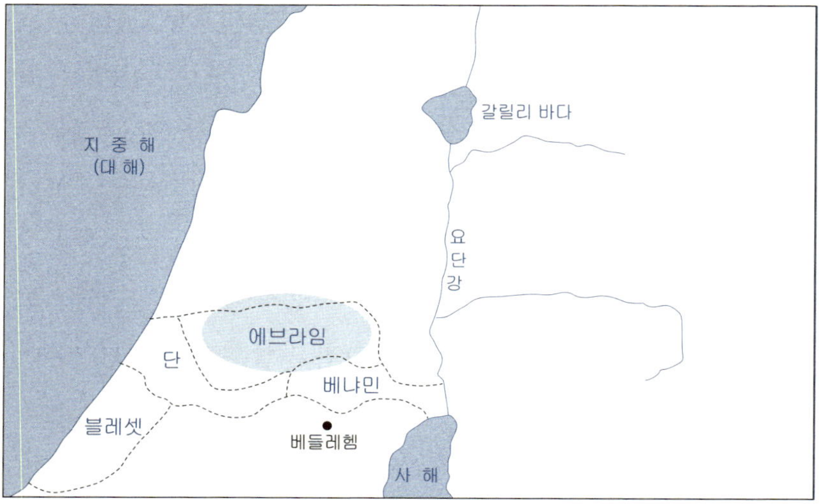

사사기 지도 2 – 에브라임과 베들레헴(현재: 서안 지구), 그 외(이스라엘)

첫 번째는 미가와 레위인의 이야기입니다. 이스라엘의 12지파 중 에브라임 지파에 미가라는 사람이 있었습니다(지도 참조). 그는 자기 집에 있는 우상을 섬기면서도 하나님 앞에 예배도 드렸습니다.

어느 날 미가의 집 앞을 어떤 레위인이 지나갔습니다. 미가는 레위인에게 "우리 집의 제사장이 되어 주시오"라고 부탁했습니다. 사실 레위인은 거절을 해야 마땅합니다.

그 이유는 첫째, 레위인 중에서도 아론(모세의 친형)의 자손들만이 제사장이 될 수 있었기 때문입니다. 이 레위인은 아론의 자손이 아니므로 제사장이 될 수 없었습니다. 또한 제사장은 성막과 법궤가 있는 실로에서만 제사장으로 임명할 수 있었습니다. 둘째는, 오직 하나님만 섬겨야 함에도 불구하고 미가가 우상과 하나님을 함께 섬기기 때문입니다. 그러나 레위인은 이를 알면서도 미가의 집에 제사장이 되었습니다.

12지파 중에 단 지파가 있습니다(지도 참조). 이들은 여호수아가 분배한 땅에서 아모리 족속을 완전히 쫓아내지 못했습니다. 그 결과 그들이 살 땅이 없었습니다. 단 지파는 할 수 없이 북쪽의 '라이스'라는 곳으로 가서 살기로 했습니다(지도 참조).

단 지파 6백 명이 무기를 들고 라이스로 가는 도중 미가의 집을 지나게 됩니다. 단 지파 군사들은 미가의 집에서 하나님의 제사장들이 입는 에봇과 우상(다른 신)을 훔쳤습니다. 원래 에봇은 제사장들이 제사를 인도할 때에 입는 옷이었지만 사사시대에는 에봇을 우상으로 여기고 있었습니다. 이들은 하나님과 우상을 같이 믿었으며 이를 위해서는 도둑질도 서슴지 않았습니다. 자신들이 잘 살기 위해서는 무엇이든지 할 수 있음을 보여줍니다. 이는 하나님 앞에서 명백한 죄입니다.

단 지파는 미가의 집에 있던 제사장도 데리고 라이스로 갑니다. 이들 모두가 하나님을 제대로 섬기지 않고 있습니다. 특히 성경은 하나님의 말씀을 맡은 레위인의 죄를 지적하고 있습니다.

두 번째 이야기도 레위인의 이야기입니다. 한 레위인이 에브라임 산지에 살고 있었습니다. 그 레위인은 첩을 두었습니다. 일반 백성도 첩을 둘 수 없는데 레위인이 첩을 두는 죄를 짓고 있습니다.

그 레위인의 첩이 바람을 피우다가 자기 집으로 도망을 가버렸습니다. 그 레위인은 베들레헴에 있는 첩의 집으로 가서 그 첩을 데려옵니다(지도 참조).

데려오는 도중에 밤이 깊어 12지파 중 베냐민 지파 땅인 기브아에서 한 노인의 집으로 들어가 잠을 자게 됩니다. 밤에 베냐민 지파의 불량배들이 몰려와서 레위인의 첩을 밤새도록 겁탈을 합니다.

결국 그 첩은 죽었고, 화가 난 레위인은 그 첩의 시신을 가지고 집으로 돌아와서 시신을 12조각으로 나누어 12지파에게 보냅니다. 11지파의 지도자들이 모여 베냐민 지파의 지도자들에게 요구합니다.

"그 불량배들에게 벌을 주어야 하니 이리 데려오시오."

베냐민 지파는 거절합니다. 이에 11지파가 베냐민 지파와 전쟁을 하여 승리함으로 베냐민 지파의 남자들이 거의 다 죽습니다. 이렇듯 사사기는 암흑의 시대입니다.

한편 사사 기드온 시대에 모압 여인이었던 룻의 이야기가 전개됩니다(지도 참조).

룻기

사사 기드온 시대의 일입니다.

사사 기드온 시대에 이스라엘의 유다 지방에 흉년이 들었습니다. 엘리멜렉(유다 지파)은 유다에 살고 있었습니다. 흉년으로 먹을 것이 다 떨어진 엘리멜렉(아버지)이 나오미(어머니)와 아들 두 명을 데리고 모압 땅으로 이사를 갔습니다. 모압 땅에서 두 아들이 결혼을 합니다.

모압으로 간 지 10년 만에 엘리멜렉과 두 아들이 죽고 나오미와 며느리 2명만 남았습니다. 나오미는 유다 지방에 풍년이 들었다는 소식을 듣고 다시 돌아가기로 결심합니다.

이때 한 명의 며느리는 나오미를 떠났지만, 또 한 명의 며느리였던 룻은 나오미(시어머니)에게 고백합니다.

"어머님의 하나님이 나의 하나님입니다."

이방(모압) 여인이지만 하나님을 믿은 룻은 나오미를 따라서 이스라엘로 들어옵니다. 그 후 며느리 룻은 하나님이 도우셔서 엘리멜렉의 먼 친척인 보아스를 만납니다. 룻을 사랑했던 보아스는 룻과 결혼을 합니다. 이 보아스는 다윗 왕의 증조 할아버지입니다.

[족보] 야곱(이스라엘)⇨유다⇨보아스⇨다윗⇨예수님

말씀 정리

가나안 땅에 아직도 남아 있는 가나안 족속 때문에 이스라엘 백성들은 가나안 족속이 섬기는 우상을 섬기기 시작합니다. 하나님께서는 이스라엘 백성들이 죄를 깨닫고 하나님께 돌아오게 하기 위하여 주변 나라들을 통해서 이스라엘을 징계하십니다.

그때마다 고통을 이기지 못하던 이스라엘 백성들이 하나님께 부르짖으면 하나님은 '사사'를 보내셔서 구해 주셨습니다.

사사를 통해서 안정을 찾으면 백성들은 또 죄를 짓습니다. 이렇게 이스라엘 백성들이 타락했을 때에 하나님은 이스라엘을 어떻게 하실까요? 혼돈스러운 이때에 하나님은 한 사람의 사사를 부르십니다. 그 사람이 바로 '사무엘'입니다.

06 사무엘

BC 1100년경~970년 동안의 기록입니다.

1. 사무엘상

야곱(이스라엘)의 아들 12지파 중 레위 지파에 '엘가나'라는 사람이 있었습니다. 엘가나에게는 '한나'라는 아내가 있었는데 한나는 자식이 없었습니다. 한나는 자식을 낳게 해달라고 기도를 하면서 자식을 주시면 하나님께 바치겠다고 서원(하나님께 약속하는 것)을 합니다. 하나님께서 한나의 기도를 들어주셨습니다.

BC 1103년 한나는 아들을 낳고 이름을 '사무엘'이라 하였습니다. 한나는 하나님께 서원한 대로 어린 사무엘을 당시 이스라엘의 제사장이었던 엘리 제사장에게 맡깁니다.

어린 사무엘은 하나님의 성전에서 성장합니다. 사무엘은 자라면서 엘리(레위 지파) 제사장 밑에서 하나님을 잘 섬겼습니다. 사무엘이 자랄 때 하나님께서 함께하셨기 때문에 사무엘은 매우 신실한 사람이 되었습니다.

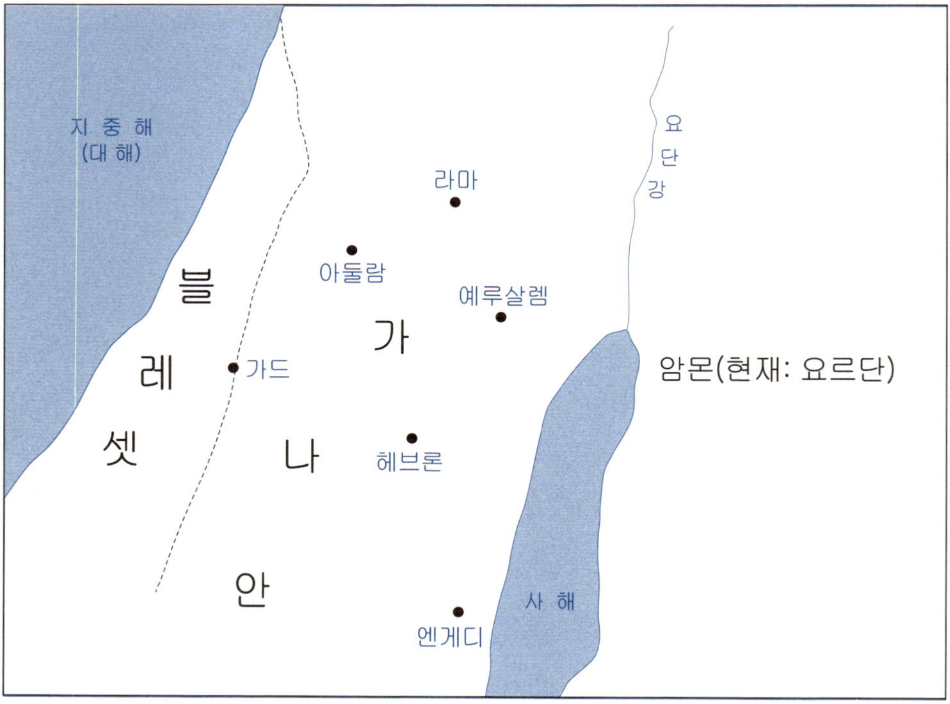

사무엘 지도 – 가나안(현재: 이스라엘), 헤브론과 엔게디(현재: 서안 지구)

온 이스라엘 사람들은 사무엘을 하나님의 선지자, 즉 하나님을 대변하는 사람으로 세우신 것을 알았습니다. 레위 지파인 사무엘은 선지자이며 이스라엘의 마지막 사사입니다.

블레셋이 이스라엘을 쳐들어왔습니다(지도 참조). 이스라엘은 하나님의 언약궤를 앞세우고 싸웠지만 블레셋과의 전투에서 지고 말았습니다. 심지어 하나님의 언약궤도 블레셋에게 빼앗겨 버리고 아주 타락했던 엘리의 두 아들도 죽었습니다.

이스라엘의 제사장이었던 엘리 제사장은 이 소식을 듣고 의자 뒤로 거꾸러져 목이 부러진 채 죽고 맙니다. 하나님의 언약궤를 빼앗긴 이스라엘 백성들은 괴로워합니다. 언약궤 안에는 십계명이 기록된 돌판이 들어 있어서 하나님과의 약속을 기억하게 하는 매우 거룩한 궤이기 때문입니다.

전쟁에서 이긴 블레셋 사람들은 블레셋의 신이었던 다곤 신이 이스라엘의 여호와(하나님)를 이겼다고 생각했습니다. 블레셋 사람들은 하나님의 언약궤를 다곤 신상 앞에 놔두었습니다. 그런데 이게 웬일입니까?

다음 날 아침 다곤 신상이 하나님의 언약궤에 절하는 것처럼 꼬꾸라져 있었습니다. 또한 다곤 신상의 머리와 손이 부러져 몸통만 남은 채 문지방 위에 엎어져 있었습니다. 그뿐 아니라 하나님은 블레셋의 아스돗과 가드와 에그론 사람들 피부에 악성 종기가 나게 하시고 망하게 하셨습니다(지도 참조).

블레셋 사람들은 고통을 이기지 못하여 하늘을 향하여 크게 울부짖었습니다. 결국 블레셋은 여호와(하나님)께 항복을 하고, 하나님의 언약궤를 이스라엘로 돌려보냅니다. 블레셋에서 보낸 하나님의 언약궤가 이스라엘의 기럇여아림에서 20년 동안 있었습니다. 이때 이스라엘 백성들은 하나님의 언약궤를 빼앗기게 된 죄악에 대해 하나님께 깊이 뉘우치고 있었습니다.

이스라엘은 블레셋에 괴롭힘을 당하며 살고 있었습니다. 사무엘은 백성들이 우상을 제거하고 진심으로 하나님께 돌아오도록 하기 위해 미스바로 모이게 해서 금식하며 기도하였습니다.

"우리가 하나님께 죄를 지었습니다. 용서하여 주십시오."

사무엘의 이러한 행동을 블레셋에 대한 도전으로 생각한 블레셋 사람들이 이스라엘로 쳐들어왔습니다. 그러나 하나님께서 큰 천둥소리를 내셔서 블레셋 사람들을 당황하게 하셨기 때문에 이스라엘은 블레셋을 크게 무찔렀습니다. 그뿐만이 아니라 하나님은 전염병을 통해서 블레셋에 벌을 내리십니다.

어느덧 사무엘이 노인이 되었습니다. 사무엘은 자신의 두 아들에게 사사(하나님이 보내신 지도자)의 직분을 주려 하지만 백성들은 반대합니다. 사무엘의 두 아들이 타락했기 때문입니다. 백성들은 사무엘에게 간청합니다.

"다른 나라들처럼 우리에게도 왕을 주십시오."

사무엘이 기도합니다. 하나님은 사무엘에게 말씀하십니다.

"사울에게 기름을 부어 왕으로 세우라."

여기서 사용된 기름은 성전에서만 사용되는 기름으로 특별하게 만든 기름입니다. 기름을 붓는 의식을 통해서 왕이 될 자격이 있음을 많은 사람 앞에서 인정받았습니다. 사울 왕과 다윗 왕과 솔로몬 왕까지 3명의 왕만이 이 의식을 행했습니다.

사울은 키가 크고 풍채가 뛰어난 사람이었지만 이스라엘의 12지파 중 수가 가장 적고 약한 베냐민 지파의 사람이었습니다. 사울은 자신이 베냐민 지파 중에서도 가장 작은 집안의 사람이며 자신은 아주 미약한 사람이라고 말합니다.

BC 1050년 사무엘이 사울에게 기름을 부어 사울이 이스라엘의 왕이 되었습니다. 사울이 왕이 된 지 2년이 되었을 때 사울 왕의 아들 요나단이 블레셋의 수비대를 공격하였습니다. 화가 난 블레셋은 전차(탱크) 3만 대와 말을 타는 군사 6천 명과 셀 수도 없을 만큼 많은 군사들을 거느리고 이스라엘로 쳐들어옵니다.

이 소식을 들은 이스라엘 백성들은 두려움에 떨었습니다. 사울 왕은 사무엘에게 사람을 보냈습니다. 먼저 하나님께 제사를 드리고 나서 전쟁을 해야 하기 때문입니다. 사무엘은 그 소식을 듣고 온다고 하였지만 사울 왕이 아무리 기다려도 오지 않았습니다.

블레셋을 두려워하던 이스라엘 군사들은 하나 둘씩 도망가기 시작합니다. 사울 왕은 어찌할 줄 몰라 당황했습니다. 사울 왕은 제사장(사무엘)이 제사를 인도해야 하는 것을 잘 알지만 마음이 급해 자신이 직접 제사를 드리는 죄를 짓고 맙니다.

제사가 끝날 즈음에 사무엘이 도착하여 사울 왕을 꾸짖습니다.
"어찌하여 하나님을 믿지 않소? 왕은 하나님께서 왕에게 명하신 바를 지키지 않았기 때문에 하나님께서 그 마음에 맞는 사람을 찾아내셨소."

하나님은 다윗을 다음 왕으로 결정하시고 사무엘을 베들레헴에 있는 이새의 집으로 보내셨습니다. 사무엘은 이새의 집에 도착하여 하나님의 뜻에 따라 이새의 아들 8명 중에서 막내인 다윗에게 기름을 붓습니다. 그날부터 하나님의 영이 다윗과 함께하시고 사울 왕에게서는 하나님의 영이 떠났습니다.

얼마 후에 블레셋이 또 전쟁을 하자고 덤벼듭니다. 이스라엘과 블레셋은 골짜기를 사이에 두고 서로 진을 치고 있었습니다.

블레셋에는 '골리앗'이라는 키가 약 3m인 거인이 있었습니다. 거인 골리앗은 날마다 싸우자고 외치며 이스라엘을 조롱합니다. 하지만 사울 왕을 비롯하여 이스라엘 군사들은 거인 골리앗이 두려워 어느 누구도 나서지 못하고 망신만 당하고 있습니다.

다윗의 아버지 이새는 다윗에게 심부름을 시킵니다. 전쟁터에 나가 있는 3명의 형들에게 먹을 것을 가져다주라는 겁니다. 목동인 다윗은 아버지의 심부름으로 전쟁터에 갔다가 골리앗이 이스라엘을 향하여 외치는 소리를 듣습니다.

"내가 이스라엘 군대를 조롱하는데도 나와 싸울 놈이 없느냐?"

이 소리에 다윗은 단단히 화가 났습니다.

"골리앗이 감히 하나님의 군대를 조롱하는구나!"

다윗은 사울 왕에게 허락을 받고 골리앗과 싸우려고 나갔습니다. 다윗은 골리앗에게 이렇게 외치면서 달려갔습니다.

"너는 칼과 창과 단창으로 내게 나아오지만 나는 만군의 여호와(하나님)의 이름으로 네게 나아가노라. 너를 무찔러서 이스라엘에 하나님이 계시다는 것을 온 세상이 알게 할 것이다."

다윗이 돌을 던지자 돌이 골리앗의 이마에 정확하게 박혔습니다. 거인 골리앗은 정신을 잃고 쓰러졌고, 다윗은 쫓아가 골리앗의 칼을 빼서 골리앗의 목을 베었습니다.

거인 골리앗이 허무하게 죽는 모습을 본 블레셋 군사들은 망연자실하여 도망가기에 바빴습니다. 이스라엘은 블레셋을 크게 무찔렀습니다. 이때부터 다윗의 영향력이 점점 커집니다.

그 후 사울 왕은 다윗을 장군으로 임명했습니다. 다윗이 블레셋을 무찌르고 돌아올 때면 여인들이 춤을 추면서 노래를 불렀습니다.

"사울이 죽인 적의 군사는 수천 명인데 다윗이 죽인 적의 군사는 수만 명이라네."

이때부터 사울 왕은 다윗을 죽이려고 작정합니다. 한번은 사울 왕이 다윗에게 제안을 합니다.

"네가 혼자서 블레셋 군사 100명을 죽인다면 나의 딸 미갈과 결혼시켜 주겠다."

다윗은 블레셋 군사들을 죽이고 사울 왕의 딸 미갈과 결혼했습니다. 그러나 사울 왕은 다윗을 더 두려워했습니다. 사울 왕의 신하들이 다윗을 더 따르자 왕은 다윗을 더 미워하고 두려워합니다.

어느 날 사울 왕이 다윗의 집으로 부하들을 보내 다윗을 죽이려고 했습니다. 이 사실을 알게 된 사울 왕의 딸 미갈이 한밤중에 다윗을 몰래 창문으로 내려 보내서 다윗은 도망을 갈 수 있었습니다. 이제 다윗은 사울 왕에게 쫓겨 다니는 신세가 되어 버렸습니다.

다윗은 라마에 있는 사무엘을 찾아갔습니다(지도 참조). 다윗이 라마에 있다는 소식을 들은 사울 왕은 군사들을 보내 다윗을 잡아오라고 합니다. 다윗은 너무 급한 나머지 블레셋 나라의 가드로 또 도망을 갑니다(지도 참조).

다윗이 장군으로 있을 때에 블레셋을 무찌른 적이 많았습니다. 블레셋 사람들이 다윗을 좋게 볼 리 없었습니다.

어느 날 다윗은 가드 왕 아기스의 신하들이 수군거리는 소리를 들었습니다.

"다윗은 사울 왕보다 우리 군사들을 더 많이 죽인 사람이 아니냐?"

이 말을 들은 다윗은 저들이 자신을 죽일까 봐 두려웠습니다. 그래서 괜히 문짝을 긁기도 하고, 수염에 침도 흘리며 미친 체를

했습니다. 그러자 블레셋의 가드 사람들은 다윗을 무시하며 내쫓았습니다.

이렇게 다윗이 가드 왕 앞에서 미친 체하다가 쫓겨나 지은 시가 있습니다. 시편 34편입니다.

시편 34편

내가 하나님을 늘 찬양할 것이니 내 입술에서 찬양 소리가 끊이지 않을 것이다.

보잘것없는 사람이 하나님께 부르짖었더니 하나님께서 들으시고 모든 어려움에서 건져 주셨다.

하나님은 마음이 상한 사람 곁에 계시고 낙심한 사람을 위로해 주신다.

의로운 사람에게는 어려움이 많을 수 있지만 하나님께서는 모든 어려움에서 건져 주신다.

블레셋의 가드에서 쫓겨난 다윗은 아둘람 동굴로 들어가 숨었습니다(지도 참조). 다윗이 아둘람 동굴에 있다는 소식을 들은 다윗의 친척들과 어려움을 당한 사람들 400명 정도가 다윗을 따랐습니다.

사울 왕은 끊임없이 다윗을 잡으려고 군사를 보냅니다. 다윗과 부하들이 광야에 있다는 소식을 듣자 사울 왕은 군사들을 이끌고 엔게디 광야로 옵니다(지도 참조). 다윗과 부하들은 재빨리 동굴에 숨었습니다.

사울 왕은 용변을 보기 위해 한 동굴로 들어갔는데 공교롭게도 다윗과 부하들이 숨어 있는 동굴이었습니다. 다윗의 부하들은 사울 왕을 죽일 절호의 기회라고 좋아합니다. 하지만 다윗은 하나님이 기름 부으신 왕을 죽일 수 없다며 용변을 보기 위해 벗어 놓았던 사울의 겉옷자락만 몰래 잘랐습니다.

사울 왕은 굴 밖으로 나가고, 다윗도 조금 있다가 뒤따라 나가 멀리 서서 사울 왕에게 겉옷자락을 보여주며 말했습니다.

"왜 나를 죽이려고 하십니까? 나는 왕을 해하려 한 적이 없습니다."

다윗의 말을 듣고 사울 왕도 울면서 화답합니다.

"네가 나보다 의롭도다."

사울 왕은 왕궁으로 돌아가고 다윗은 엔게디 요새로 올라갔습니다.

다윗이 동굴에 숨어 있을 때에 지은 시가 시편 142편입니다.

시편 142편

나는 하나님께 크게 부르짖습니다. 나를 불쌍히 여겨 달라고 소리를 높입니다.

내 영혼이 약해져 갈 때에 하나님은 나의 갈 길을 아시는 분이십니다. 하나님은 나의 피난처이십니다.

하나님께서 나를 선하게 대해 주시니 의로운 사람들이 나에게 모여들 것입니다.

사무엘이 죽었습니다. 모든 이스라엘 백성들이 슬퍼하며 사무엘의 고향 라마의 그의 집에서 장례를 치렀습니다.

그 후에 블레셋 사람들이 이스라엘과 싸우려고 모였습니다. 사울 왕은 블레셋 군의 진영을 보고 두려워 떨었습니다. 이 싸움에서 이스라엘은 블레셋에게 완전히 졌고, 사울 왕과 그의 아들 3명이 다 죽었습니다.

2. 사무엘하

다윗이 예루살렘 근처의 헤브론에 있을 때 유다 백성들이 다윗에게 기름을 부어서 유다 지파의 왕으로 삼았습니다(지도 참조). 다윗은 헤브론에서 남유다의 왕으로 7년 6개월을 다스렸습니다.

그 후 북이스라엘의 모든 지파가 헤브론으로 다윗을 찾아왔습니다. 다윗은 그들과 언약을 맺었고, 12지파 전체가 다윗에게 충성하기로 서약을 합니다.

BC 1010년 이스라엘의 모든 장로(지도자)가 다윗에게 기름을 부어서 통일 이스라엘의 왕으로 삼았습니다. 이때 다윗의 나이는 30세였습니다. 다윗은 40년 동안 이스라엘 왕으로 나라를 다스렸습니다. BC 1003년 다윗은 예루살렘을 이스라엘의 수도로 삼았습니다(지도 참조). 하나님이 다윗과 함께 계심으로 다윗은 점점 더 강해졌습니다.

다윗이 왕이 되었다는 소식을 들은 블레셋이 쳐들어옵니다. 다윗은 하나님께 여쭈었습니다.

"하나님! 블레셋과 전쟁을 해도 됩니까?"

하나님의 허락을 받은 다윗은 블레셋을 크게 무찔렀습니다.

그 후 다윗 왕은 하나님의 언약궤를 예루살렘으로 옮기려고 계획을 세웠습니다. 블레셋의 기습 공격에 대비하여 3만 명의 군사들을 소집하였습니다. 드디어 하나님의 언약궤가 예루살렘의 '다윗 성'으로 들어왔습니다. 다윗 왕은 하나님 앞에서 바지가 흘러내릴 정도로 기뻐 뛰면서 춤을 추었습니다.

왕이 하나님 앞에서 춤을 추는 모습을 본 사울의 딸 미갈이 다윗 왕을 깔보았습니다. 미갈이 다윗 왕에게 말합니다.

"이스라엘 왕이 여종들이 보는 앞에서 몸을 드러내며 춤을 추

셨어요. 부끄럽지 않나요?"

다윗이 대꾸합니다.

"하나님이 나처럼 부족한 사람을 왕으로 세워 주셨소. 나는 언제나 하나님 앞에서 기뻐하며 뛸 것이오."

하나님 앞에 충성스러운 다윗 왕을 업신여겼던 왕비 미갈은 죽는 날까지 자식을 낳지 못하였습니다.

하나님의 언약궤를 예루살렘으로 옮겨온 다윗 왕은 이제 하나님의 성전을 짓고 싶어 했습니다. 하지만 하나님은 전쟁으로 피를 많이 흘렸던 다윗이 하나님의 성전 짓는 것을 허락하지 않으셨습니다. 하지만 나단 선지자를 통해서 다윗의 왕국이 영원할 것이라고 약속하십니다.

나단에게서 이 말을 들은 다윗 왕은 장막으로 가서 하나님께 기도를 드립니다.

"주 하나님, 제가 무엇이기에 하나님께서 이렇게 사랑해 주십니까? 하나님께서 주의 백성 이스라엘을 세우시고 영원히 하나님의 백성으로 삼으셨사오니 주께서 저희 하나님이 되셨습니다. 청하오니 종의 집에 복을 주셔서 하나님 앞에 영원히 있게 해주십시오."

다윗은 왕이 되어 백성들을 올바르고 공평하게 다스렸습니다. 하나님께 순종하고 하나님과의 언약을 지키기로 약속한 다윗은 드디어 가나안(약속의 땅) 땅을 완전히 정복합니다.

이 정복은 여호수아 시대부터 이제까지 마무리하지 못한 일이었습니다. 이 위대한 업적을 다윗이 이루어 냅니다.

봄이 되어 다윗 왕은 요압 장군을 대장으로 세워 암몬과 싸우도록 군사들을 보냅니다(지도 참조). 그리고 자신은 예루살렘 왕궁에서 쉬고 있는데 왕궁 옥상을 거닐다가 우연히 아름다운 여인이 목

욕하는 장면을 보고 사람을 보내 누구인지 알아보게 합니다. 그 여인은 다윗 왕의 신하인 우리아 장군의 아내 '밧세바'였습니다.

이 사실을 알고도 다윗 왕은 그 여인을 데려오게 해서 동침을 합니다. 그 후 여인은 자신이 임신한 사실을 알고 다윗 왕에게 사람을 보냅니다.

이 일이 발각되면 큰일이기 때문에 다윗 왕은 매우 당황했습니다. 급히 전쟁터에 있는 우리아 장군을 불렀습니다. 다윗은 우리아 장군을 집으로 보내 아내와 잠을 자게 하여 밧세바가 임신한 아이가 우리아 장군의 아이인 것처럼 속이려고 했습니다.

그러나 다윗의 뜻대로 되지 않았습니다. 우리아 장군은 매우 우직하고 충성스러운 사람이었습니다. 다윗이 여러 번 권했지만 집으로 가지 않고 대궐 문 앞에서 잡니다.

결국 다윗이 다시 불러 그 이유를 물었습니다. 우리아 장군은 다윗 왕에게 대답합니다.

"하나님의 언약궤와 모든 군사들이 전쟁터의 장막에서 자고 있는데 어찌 저만 집에 가서 편히 잘 수 있겠습니까?"

다윗 왕은 또다시 고민에 빠졌지만 다른 수가 없었습니다. 결국 우리아를 다시 전쟁터로 보내고 요압 장군에게 편지를 써서 우리아 장군을 죽게 만듭니다.

밧세바는 남편 우리아 장군이 죽었다는 소식을 듣고 슬피 웁니다. 애도의 기간이 끝나자 다윗 왕은 밧세바를 데려와 자신의 아내로 삼습니다. 우리아 장군의 아내였던 밧세바는 다윗 왕의 아이를 낳았습니다. 다윗은 하나님 보시기에 매우 악한 일을 하였습니다.

하나님은 나단 선지자를 통해서 이 죄 때문에 밧세바가 임신하여 낳은 아이는 죽을 것이라고 말씀하십니다. 다윗은 즉시 회개하였고 밤새도록 눈물을 흘리며 통곡합니다.

이때 다윗은 시편 51편을 짓습니다.

시편 51편

오 하나님, 하나님의 한결같은 사랑으로 내게 자비를 베풀어 주소서.

내 죄를 다 씻으시고 깨끗하게 해주소서. 나는 죄 가운데서 태어났고, 어머니가 나를 임신했을 때부터 죄인이었습니다.

내 모든 죄를 없애 주소서. 하나님 앞에서 나를 쫓아내지 마시며, 하나님의 성령을 내게서 거두어 가지 마소서.

하나님께서 원하시는 제사는 상처가 난 마음입니다.

하나님은 상처가 나서 괴로운 마음과 회개하는 마음을 외면하지 않으십니다.

결국 밧세바를 통해 태어난 아이는 죽습니다. 그 후로 밧세바를 통해서 또 다른 아이 솔로몬이 태어납니다. 하나님께서는 다윗을 용서하셨지만 그 죄 때문에 다윗 왕의 남은 삶은 순탄치 않았습니다.

다윗 왕에게는 여러 명의 왕비가 있었고, 배다른(어머니가 서로 다른) 자녀들이 있었습니다. 어느 날 다윗의 아들 압살롬이 그의 배다른 형 암논을 죽이고 다른 나라로 도망을 쳤습니다. 그로부터 5년이 흘렀고 다윗 왕은 압살롬을 용서해 주며 돌아오라고 했습니다.

그러나 돌아온 압살롬은 아버지 다윗 왕을 배반하여 군사를 일으킵니다. 이때 압살롬을 따르는 백성들이 대단히 많았고, 그들은 이스라엘 12지파 중 북쪽 10지파 백성들이었습니다.

다윗 왕은 아들 압살롬을 피해서 예루살렘 왕궁을 빠져나와 처량한 심정으로 도망을 갑니다. 도망을 가고 있을 때에 예전 사울 왕의 집안 사람인 시므이가 다윗을 저주하며 돌까지 던졌습니다.

이 모습을 본 다윗 왕의 신하 아비새 장군이 시므이를 죽이겠다고 하자 다윗이 만류합니다.

"그가 저주하게 놔두시오. 어쩌면 하나님께서 나의 이 비참함을 보시고 시므이가 말한 저주 대신에 복을 주실지도 모르지 않소?"

다윗은 하나님의 도움으로 요단 강을 건너 도망을 갔습니다(지도 참조). 압살롬이 군사들을 거느리고 다윗을 잡으려고 급히 요단 강을 건너 쫓아왔습니다. 하지만 오히려 압살롬이 죽고 맙니다.

다윗 왕은 아들 압살롬의 죽음을 슬퍼하며 왕궁으로 돌아옵니다.

하지만 이것으로 끝난 것이 아닙니다. 하나님은 이스라엘 백성들이 하나님께서 세우신 다윗 왕을 배신하고 압살롬 편을 들었기 때문에 죄를 지었다고 말씀하십니다.

이와 같은 이스라엘의 죄로 인해 하나님은 백성들을 치시려고 다윗에게 교만한 마음을 주셨습니다. 교만한 마음이 생긴 다윗 왕은 자기의 군사들이 얼마나 많은지 알고 싶어 했습니다.

다윗 왕은 요압 장군을 불러서 이스라엘 백성의 숫자를 파악하라고 명령을 내립니다. 요압 장군은 약 10개월 만에 돌아와서 총 군사의 수가 130만 명이라고 보고를 합니다.

다윗은 하나님께 죄를 지었습니다. 하나님을 의지하지 않고 군사들의 힘으로 이스라엘을 다스리려고 한 것입니다. 하나님을 믿고 하나님께 의지해야 하는데 군사들의 숫자를 중요하게 여겼기 때문입니다.

그리고 이스라엘 백성들은 하나님이 선택하신 다윗을 배반하고 압살롬 편을 드는 죄를 지었기 때문에 하나님은 이스라엘에 전염병을 내리십니다. 무려 7만 명이 죽게 되었고, 다윗은 백성들의 죽음이 너무나 괴로워서 이렇게 기도합니다.

“제가 죄를 저질렀습니다. 저와 제 집안에만 벌을 내려 주십시오.”

하나님은 다윗에게 제사를 요구하셨습니다. 다윗은 하나님이 시키신 대로 ‘아라우나’라는 사람의 타작(곡식을 터는) 마당에서 하나님께 제사를 드렸습니다. 그리고 다윗이 기도하자 하나님은 이스라엘에 내렸던 재앙을 멈추셨습니다.

말씀 정리

이스라엘의 마지막 사사인 사무엘이 태어납니다. 사무엘은 사사의 직분에 충실하여 사는 날 동안 이스라엘을 다스렸습니다. 하지만 사무엘이 나이가 들어 늙게 되자 이스라엘 백성들은 자신들에게도 왕을 달라고 애원합니다. 하나님은 어떻게 하실까요?

하나님은 사무엘을 통해서 이스라엘의 1대 왕으로 사울을 세우셨습니다. 하나님은 사울 왕이 하나님을 배신하자 다윗을 다음 왕으로 점찍어 놓으십니다.

다윗은 사울 왕에게 쫓겨 다니면서 하나님 마음에 합한 자로 준비됩니다.

다윗은 왕이 되어 나라를 공과 의로 다스렸으며, 죄를 지었을 때는 하나님 앞에 철저하게 회개하였습니다.

그 후 이스라엘 나라는 오직 하나님만을 섬기며 잘살게 될까요? 이제 다윗의 뒤를 이어 솔로몬이 왕이 되는 왕정시대로 넘어갑니다.

07

열왕기

BC 970년경~586년 동안의 기록입니다.

1. 열왕기상

다윗 왕이 나이가 많이 들어 힘이 없게 되었습니다. 다윗 왕은 '사독' 제사장과 '나단' 예언자를 시켜서 아들 솔로몬에게 기름을 부으라고 명령했습니다. 그리하여 BC 970년 솔로몬이 이스라엘 왕이 되었습니다.

솔로몬은 하나님을 사랑했습니다. 솔로몬 왕은 기브온 산당에서 1천 마리의 짐승으로 제사를 드렸습니다. 아직 성전을 짓기 전이므로 산당은 산꼭대기에 세운 성전(하나님 모시는 곳)으로 인정을 받았습니다.

그날 밤 기브온에서 솔로몬의 꿈에 하나님이 나타나셨습니다. "내가 너에게 무엇을 주기 원하느냐?"

솔로몬은 "하나님의 백성들을 잘 다스릴 수 있고 판결을 잘할 수 있는 지혜를 주십시오"라고 대답했습니다. 하나님은 솔로몬을 칭찬하셨습니다. 그리고 전무후무한 지혜와 부귀영화도 주겠다고 하셨습니다. 솔로몬이 깨어 보니 꿈이었습니다.

하루는 두 명의 여인이 솔로몬 왕에게 와서 재판을 해달라고 했습니다. 한 여인이 말합니다.

"이 여자와 한 집에 살고 있는데 같이 아이를 낳았습니다. 그런데 이 여자의 아이가 죽고 말았습니다. 이 여자는 내가 잠든 사이에 내 아이를 데려가고 죽은 아이를 내 옆에 놔두었습니다."

솔로몬 왕은 살아 있는 아이를 절반으로 나누어 여자들에게 주라고 판결했습니다. 그러자 앞서 말을 했던 여인이 애원을 했습니다.

"차라리 이 여인에게 아이를 줄지언정 아이는 죽이지 말아 주십시오."

솔로몬은 아이를 죽이지 말아 달라고 애원하는 여인이 살아 있는 아이의 어머니라고 판결을 내렸습니다. 사람들은 솔로몬의 지혜에 탄복(감탄)했습니다. 주변의 왕들이 솔로몬의 지혜를 배우려고 찾아왔습니다.

솔로몬은 이런 지혜를 가지고 글을 지었습니다. 솔로몬의 아가서, 잠언, 전도서를 살펴보겠습니다. 솔로몬은 젊은 시절 사랑하는 여인을 위하여 노래를 지었습니다. 그 아가서는 하나님과 백성 사이의 사랑의 관계를 시적 언어로 표현해 놓은 것입니다.

아가서 가장 아름다운 노래, 솔로몬

(술람미 여자) 당신과의 입맞춤을 원해요. 당신의 사랑은 포도주보다 더 달콤합니다. (솔로몬 왕) 나의 사랑, 땋은 머리채가 흘러내린 임의 두 볼과 목걸이 감긴 그대의 목이 아름답소.

(술람미 여자) 밤마다 임을 찾고 찾았으나 만나지 못하였네. (솔로몬 왕) 아름다워라. 나의 신부야! 오늘 나 그대에게 마음을 빼앗겼소.

(솔로몬 왕) 내 친구들이 귀를 기울이니 그대의 목소리를 들려주오. (술람미 여자) 임이여, 노루처럼 빨리 오세요. 이 산의 어린 사슴처럼, 나에게 빨리 오세요.

그 외에도 솔로몬은 3천 가지의 지혜로운 가르침을 말하였습니다. 잠언은 하나님을 경외함이 인생의 근본이라고 말합니다.

잠언 솔로몬

하나님을 공경하면서도 두려워하는 것이 지식의 시작이다. 아이들아, 네 아버지의 교훈을 듣고, 네 어머니의 가르침을 받아라. 네 재물과 첫 열매로 하나님을 공경하라.

부정하게 얻은 재물은 쓸모가 없지만 의롭게 살면 생명을 구한다. 미련한 사람은 쉽게 성을 내지만 슬기로운 사람은 수치를 당해도 참는다. 재산이 적어도 하나님을 모시는 삶이, 재산이 많아서 다투며 사는 삶보다 낫다.

계획은 사람이 세우지만 그 일을 이루시는 분은 하나님이시다. 부드러운 말은 꿀송이와 같아서 마음을 즐겁게 한다. 그러나 허물을 자꾸 말하면 친구도 원수가 된다. 가난한 자에게 베푸는 일은 하나님이 갚아 주신다.

솔로몬 왕은 노년에 전도서를 씁니다. 전도서는 하나님 없이 살아가는 인생의 무의미함을 말합니다. 행복을 누릴 수 있는 비결은 하나님을 바라보는 것이라고 말합니다.

전도서 솔로몬

이스라엘의 왕 전도자(솔로몬)가 한 말이다. 헛되다. 헛되다. 모든 것이 헛되다. 한 세대가 가고 다른 세대가 오지만 세상은 그대로다. 해 아래에 새것은 없다.

지혜가 많으면 괴로움도 많고, 지식이 많으면 고통도 늘어난다. 어리석은 사람은 악한 일을 하면서 재물이나 바치면 되는 줄 알지만 예배는 말씀을 들으러 가는 것이다.

흙으로 만들어진 육체는 흙으로 돌아가고 그 영은 하나님께로 돌아간다. 결론적으로 하나님을 두려워하여라. 하나님을 경외하고 그분이 주신 계명을 지켜라. 이것이 사람이 해야 할 본분이다. 하나님은 선이든 악이든 모든 은밀한 일을 다 심판하시기 때문이다.

솔로몬은 왕이 된 지 4년이 되는 해에 하나님의 성전을 짓기 시작했습니다. BC 959년에 웅장한 성전을 다 지었는데 7년이 걸렸습니다.

하나님이 이 성전에 오시니 성전에 성스러운 빛이 가득합니다. 솔로몬은 말했습니다.

"이 집은 하나님께서 영원히 계실 곳입니다."

그 후 하나님께서 솔로몬에게 말씀하셨습니다.

"네 아버지 다윗처럼 내가 네게 명령한 모든 것을 지키면 네 왕좌를 영원히 지켜 주겠다. 그러나 다른 신들(우상)을 섬기면 이 땅에서 네 왕좌를 끊어 버릴 것이고 성전도 헐어 버리겠다."

이렇게 솔로몬이 성전을 지은 이후로 원래 있었던 산당은 우상숭배하는 곳으로 바뀝니다. 왜냐하면 하나님이 인정하시는 성전이 지어졌기 때문입니다.

그 후 솔로몬은 자신을 위하여도 궁전을 지었는데 그 궁전은 매우 호화로웠습니다. 하나님의 성전은 7년에 걸쳐 지었지만 솔로몬의 왕궁을 짓는 데는 13년이 걸렸습니다.

솔로몬 왕국은 금이 넘쳐났으며, 군대도 더욱 강력해졌습니다. 그러나 솔로몬은 죄를 짓습니다. 7백 명의 후궁과 3백 명의 첩을 두었습니다. 이 여인들이 솔로몬에게 다른 신을 따르게 합니다. 솔로몬은 시돈의 여신 '아스다롯'과 암몬의 신인 '밀곰, 몰렉'과 모압의 신 '그모스'를 섬겼습니다(지도 참조).

하나님께서는 솔로몬에게 말씀하셨습니다.

"네 죄 때문에 네가 죽어야 하지만 다윗을 생각해서 네 아들 대에 내가 이 나라를 둘로 갈라놓겠다."

그 후 솔로몬이 죽었습니다. 온 백성이 세겜에 모여 솔로몬의 아들 르호보암을 왕으로 세우려고 합니다(지도 참조). 백성의 지도자들이 르호보암에게 이야기합니다.

"그동안 아버지 솔로몬 왕이 우리에게 많은 일을 시켰으니 그것을 좀 줄여 주면 왕으로 섬기겠습니다."

그러나 르호보암은 대답합니다.

"나는 아버지보다 더 강한 쇠 채찍으로 너희를 다스리겠다."

이것은 하나님께서 그렇게 되도록 하신 것이었습니다. 솔로몬의 죄 때문입니다.

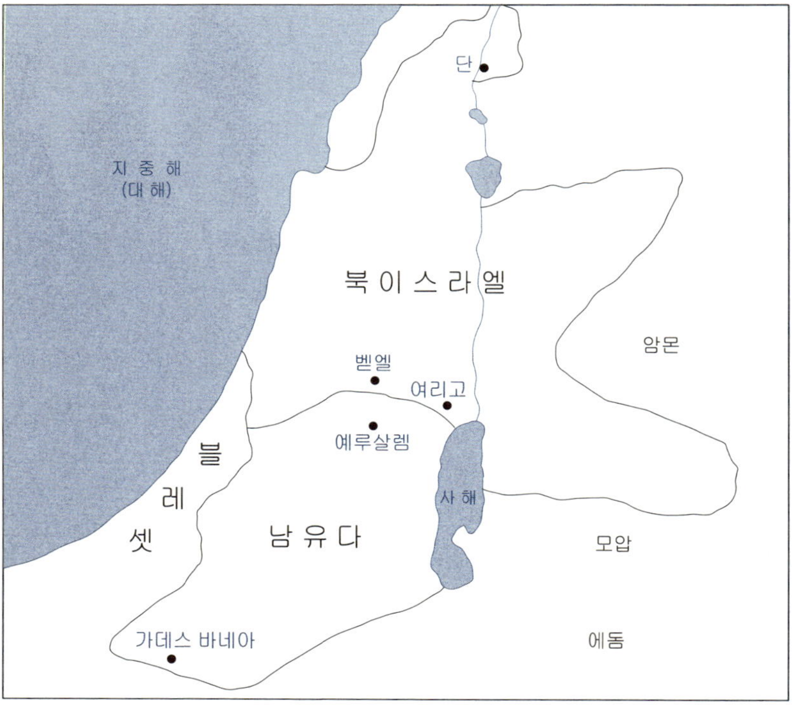

남북으로 분열된 왕국

결국 북쪽 10지파는 르호보암을 배반하고 솔로몬 왕의 신하였던 여로보암을 왕으로 세우고 나라 이름을 '북이스라엘'로 지었습니다(지도 참조).

그러나 남쪽의 유다 지파는 르호보암을 왕으로 세우고 나라 이름을 '남유다'로 불렀습니다(지도 참조).

BC 931년 이제 하나님의 말씀대로 이스라엘은 남유다와 북이스라엘로 나라가 갈라졌습니다. '남유다'는 다윗 왕국의 후손으로 계속 이어집니다.

북이스라엘은 ❶ 여로보암 왕부터 시작하여 ❽ 아하시야 왕까지 이어지는데 찬탈(왕위를 빼앗음)이 매우 심합니다. 남유다는 ① 르호보암 왕부터 ④ 여호사밧 왕으로 이어집니다.

<table>
<tr><th>남유다 왕들</th><th>북이스라엘 왕들</th></tr>
<tr><td>① 르호보암 왕</td><td rowspan="2">❶ 여로보암 왕</td></tr>
<tr><td>② 아비야 왕</td></tr>
<tr><td rowspan="2">③ 아사 왕</td><td>❷ 나답 왕</td></tr>
<tr><td>❸ 바아사 왕</td></tr>
<tr><td rowspan="5">④ 여호사밧 왕</td><td>❹ 엘라 왕</td></tr>
<tr><td>❺ 시므리 왕</td></tr>
<tr><td>❻ 오므리 왕</td></tr>
<tr><td>❼ 아합 왕</td></tr>
<tr><td>❽ 아하시야 왕</td></tr>
</table>

북이스라엘은 다윗 계열이 아닙니다. ❼ 아합 왕은 시돈 나라의 공주인 이세벨과 혼인을 했습니다. 이세벨은 이방신인 바알(풍요의 신)과 아세라(다산의 신)에 깊이 빠진 여인입니다.

결국 북이스라엘은 바알과 아세라를 숭배하는 나라가 되어 버렸습니다. 이렇게 북이스라엘의 가장 악독한 왕인 아합 왕 때에 하나님은 엘리야 선지자를 보내십니다.

엘리야 선지자는 아합 왕과 신하들에게 북이스라엘이 하나님께 죄를 지었기 때문에 앞으로 무서운 가뭄으로 굶주릴 것이라고 경고합니다.

"하나님께서 살아 계심을 두고 맹세합니다. 내가 다시 말할 때까지 수년 동안 비 한 방울, 이슬 한 방울도 내리지 않을 것입니다."

그러고 나서 엘리야는 피신을 합니다. 가뭄이 든 지 3년째 되던 해에 하나님이 엘리야에게 말씀하십니다.

"가서 아합을 만나거라. 내가 비를 내려주겠다."

엘리야 선지자는 아합 왕을 만나서 말합니다.

"내가 기도하면 하나님께서 비를 내려 주실 것입니다. 그러나 먼저 이스라엘 백성들과 바알의 예언자 450명과 아세라 예언자 400명을 갈멜 산으로 모이게 해주십시오."

3년 동안의 심각한 기근 때문에 큰 고통을 당했던 아합 왕이 엘리야의 요구대로 백성들과 바알의 예언자 450명과 아세라 예언자 400명을 갈멜 산으로 모이게 했습니다.

엘리야는 바알의 예언자들에게 제안을 합니다.

"이곳에 제단을 세워 그 제단 위에 송아지 한 마리를 올려놓고 바알 신의 이름을 부르십시오. 나도 여호와의 이름을 부르겠습니다. 그때 불을 보내셔서 응답하는 신이 있으면 그분이 바로 하나님이십니다."

백성들은 엘리야의 말이 옳다고 이구동성으로 대답을 합니다.

먼저 바알의 예언자들이 제단을 쌓고 제단 위에 송아지를 올려놓고 아침부터 낮까지 바알의 이름을 부릅니다.

응답이 없자 목이 터져라 부르고 칼과 창으로 자기 몸을 상하게 하기도 합니다. 그렇지만 아무런 응답이 없습니다.

이제 엘리야 차례입니다. 엘리야는 제단에 송아지를 올려놓고 그 위에 물까지 부었고 심지어 도랑까지 물로 채웠습니다. 엘리야가 기도하자 하늘에서 불이 내려 도랑까지 다 태웠습니다. 백성들이 소리칩니다.

"여호와가 하나님이시다!"

엘리야 선지자는 백성들에게 외쳤습니다.

"바알과 아세라 예언자 850명을 다 죽여라."

백성들은 엘리야의 말대로 하였습니다. 이렇게 해서 하나님의 진노가 풀리고 엘리야는 비를 내려 달라고 기도합니다. 하늘에서 엄청난 비가 쏟아졌습니다.

그 후에 북이스라엘의 아합 왕은 아람(시리아)과 전쟁을 하다가 비참하게 죽습니다. 아합 왕이 죽자 그의 아들 아하시야가 북이스라엘 8대 왕이 됩니다.

2. 열왕기하

아합 왕은 전쟁에서 비참하게 죽었지만 엘리야 선지자는 죽지 않았습니다. 하나님께서 회오리바람을 통해 엘리야를 하늘로 들어 올리셨습니다. 엘리야가 하늘로 올라간 후 엘리야 선지자의 제자였던 엘리사가 하나님의 선지자로 부름을 받아서 북이스라엘의 선지자가 되었습니다.

엘리사 선지자는 하나님이 함께하심으로 죽은 아이도 살리고, 떡 20덩이로 100명을 먹이는 기적도 행합니다. 나아만 장군의 문둥병도 고쳐 줄 뿐 아니라 쇠도끼가 연못에 빠지자 떠오르게도 합니다. 아람 군사들이 북이스라엘을 에워쌌을 때 그들의 눈을 잠시 멀게 하여 물리치기도 하였습니다.

한편 남유다의 ❺ 여호람 왕 때에 오바댜 선지자가 에돔이 망할 것을 예언합니다.

오바댜 BC 848~841년의 상황, 오바댜 선지자

오바댜는 에돔(에서의 후손)이라는 나라가 멸망할 것을 예언합니다.

에돔은 이방인들이 하나님의 백성들을 공격해 올 때 방관하였고, 하나님의 백성이 재앙을 당할 때에 재산을 빼앗았다. 하나님의 백성을 괴롭힌 에돔은 하나님께서 심판하실 것이다.

그 후에는 남유다의 ❽ 요아스 왕 때에 요엘 선지자가 요엘서를 기록합니다.

요엘 BC 835~796년의 상황, 요엘 선지자

앗수르와 바벨론이 쳐들어와 북이스라엘과 남유다가 멸망을 당한다는 예언입니다.

하나님을 섬기는 제사장들아, 모든 백성을 모아 하나님께 부르짖어라. 하나님의 심판의 날이 가까워졌다. 지금이라도 온 마음을 다하여 금식하고 회개하여라. 그때에 하나님께서 백성을 불쌍히 여기시고 북쪽에서 온 군대를 쫓아내실 것이다.

너희의 아들, 딸은 예언할 것이고, 노인은 꿈을 꾸고, 젊은이는 환상을 볼 것이다. 누구든지 하나님의 이름을 부르는 사람은 구원을 받을 것이다.

또한 하나님은 북이스라엘에도 선지서를 쓰게 하십니다. ⓭ 여로보암 2세 때에 하나님께서 선지자 3명을 보내셨습니다.

요나 BC 782~750년의 상황, 요나 선지자

요나는 앗수르의 수도 니느웨로 가서 하나님의 말씀을 전합니다. 그러자 앗수르의 왕에서부터 농부에 이르기까지 모두가 하나님께 완전히 회개합니다.

하나님을 믿지 않았던 니느웨가 회개를 함에 따라 하나님은 니느웨를 용서해 주시고 멸망시키지 않으셨습니다.

아모스 BC 782~739년의 상황, 아모스 선지자

하나님께서 아모스에게 다메섹, 가사, 암몬, 모압, 유다, 이스라엘의 죄를 말씀하셨습니다.

특히 북이스라엘의 죄(우상숭배와 가난한 자를 짓밟고, 죄 없는 자를 노예로 팔아넘김)를 말씀하시며 북이스라엘은 망한다고 하십니다. 그러나 그날(하나님의 강한 손이 이 세상에 개입하시는 순간)이 오면, 이스라엘은 다시 일어날 것입니다.

호세아 BC 755~715년의 상황, 호세아 선지자

북이스라엘이 회개하고 돌아오면 다시 회복시켜 주신다는 말씀입니다.

우리가 하나님을 알자. 힘써 하나님을 알자. 너의 하나님께 돌아와 이렇게 말하여라.

"다시는 앗수르에게 우리를 살려 달라고 빌지 않겠습니다. 군대를 의지하지 않겠습니다."

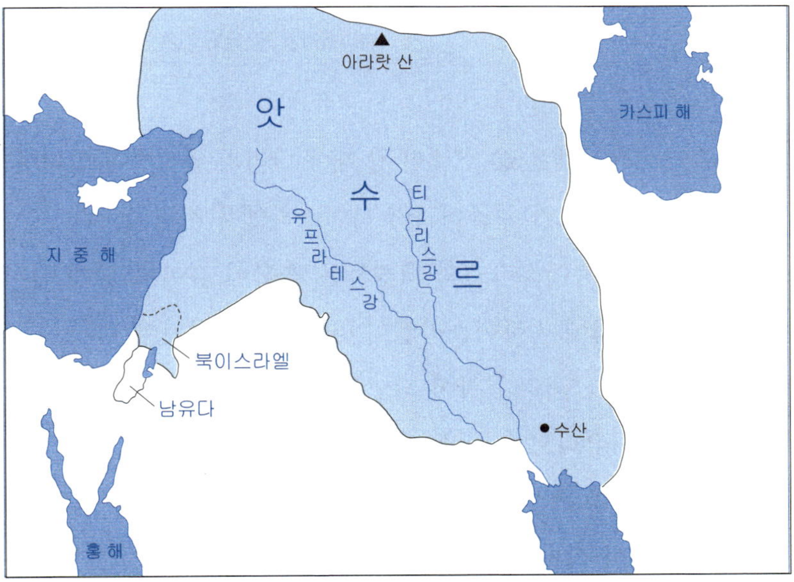

북이스라엘, 앗수르에 점령당함

남유다 왕	북이스라엘 왕
⑤ 여호람 왕	❾ 요람 왕
⑥ 아하시야 왕	❿ 예후 왕
⑦ 아달랴 왕	
⑧ 요아스 왕	⓫ 여호아하스 왕
⑨ 아마샤 왕	⓬ 요아스 왕
⑩ 아사랴 왕(웃시야)	⓭ 여로보암 2세
⑪ 요담 왕	⓮ 스가랴 왕
	⓯ 살룸 왕
	⓰ 므나헴 왕
	⓱ 브가히야 왕
⑫ 아하스 왕	⓲ 베가 왕
	⓳ 호세아 왕
⑬ 히스기야 왕	북이스라엘 멸망(BC 722년)

그 후 북이스라엘은 ⓳ 호세아 왕 때에 나라가 완전히 망합니다.

BC 722년 앗수르가 쳐들어와서 북이스라엘을 점령합니다.

나라가 망한 북이스라엘의 백성들은 뿔뿔이 흩어져 살게 됩니다. 더 이상 성경에는 북이스라엘이 나오지 않습니다.

⑬ 히스기야가 남유다 왕이 되었을 때 북이스라엘을 이미 점령한 앗수르가 남유다도 공격해 옵니다.

히스기야 왕과 백성은 하나님께 기도합니다. 이 시기에 하나님은 미가, 이사야 선지자들을 보내십니다.

미가 BC 740~690년의 상황, 미가 선지자

당시에 타락한 지도자들과 악한 시대에 대해서 예루살렘을 심판할 것입니다. 그러나 하나님은 메시아(우리를 구원하실 예수님)를 보내실 것이고, 그 메시아는 베들레헴에서 나올 것입니다.

"예루살렘의 지도자들이 행한 죄 때문에 예루살렘이 폐허가 될 것이다. 그러나 그날이 오면 나의 백성을 다시 데려오겠다. 너 베들레헴아, 이스라엘을 다스릴 자(예수님)가 네게서 나올 것이다."

이사야 BC 740~680년의 상황, 이사야 선지자

이사야는 메시아(예수님) 탄생에 대한 예언을 합니다. "앞으로 남유다는 바벨론에게 망해서 포로로 잡혀가고, 그 바벨론은 페르시아에게 정복을 당한다."

이스라엘은 고난을 당하지만 그 시기가 지나갈 것입니다. 앞으로 그들은 메시아 왕국에서 영광을 누릴 것입니다.

처녀가 잉태하여 아들을 낳을 것이며, 그 아기는 전능하신 하나님이라고 불릴 것입니다. 그날이 오면 남은 사람들(구원받을 자)만 돌아올 것입니다.

'그날이 오면'이란 악의 역사를 심판하고 밝아오는 새날을 말하는데, 이는 예수님을 통해 실현될 것입니다.

하나님은 "너희 목마른 자들아, 물(건조한 땅에서 물은 구원과 생명의 상징)로 나아오라. 돈 없는 자도 오라"고 하나님 나라로 초청하십니다.

⑭ 므낫세 왕 때에 하나님은 나훔 선지자를 보내셔서 앗수르를 책망하시고 경고하셨습니다.

나훔 BC 661~612년의 상황, 나훔 선지자

선지자 요나를 통해 하나님의 말씀을 듣고 회개했던 앗수르는 다시 죄를 짓습니다. 나훔은 앗수르가 바벨론에게 망할 것이라고 예언합니다.

나 하나님이 말한다.

"앗수르 왕아, 네 상처는 아무도 고치지 못하고 네 소식을 듣는 사람마다 손뼉을 칠 것이다."

⑯ 요시야 왕 때에 하나님은 스바냐, 예레미야, 하박국 선지자를 보내셨습니다.

스바냐 BC 630년의 상황, 스바냐 선지자

스바냐는 당시에 이스라엘과 앗수르와 주변 모든 나라에 무서운 심판이 있을 것임을 선포합니다.

가사, 암몬, 모압, 앗수르, 예루살렘아. 너희에게 무서운 심판이 기다리고 있다. 그러나 그날이 오면 하나님의 이름을 의지하는 겸손한 사람들은 남길 것이다.

예레미야 선지자는 약 20세의 젊은 나이에 하나님의 부르심을 받아서 남유다가 망할 때까지 일을 합니다.

예레미야 BC 627~ 586년의 상황, 예레미야 선지자

예레미야는 외칩니다. "남유다의 백성들이여! 여러분이 사악함에 빠져 우상을 만들어 섬기고 하나님을 멀리함으로 인해 하나님께서 우리를 바벨론의 칼 아래 70년간 두기로 작정하셨습니다. 그러므로 하나님을 잘 따르십시오."

하나님께서 예레미야에게 말씀하셨습니다.

"내가 새 언약을 세울 것이니 새 언약은 백성들의 마음에 기록될 것이다."

⑯ 요시야 왕 때에 하나님께서 예레미야에게 말씀하셨습니다.

"예루살렘에서 정직하고 진리를 구하는 사람이 한 명이라도 있으면 내가 이 성을 용서하여 주겠다."

남유다의 마지막 왕 ⑳ 시드기야 왕 때에 하나님께서 말씀하십니다.

"너희 유다를 바벨론 왕의 손에 멸망당하게 하겠다. 그러나 그 바벨론에게 내가 원수를 갚을 것이다."

하박국 선지자는 남유다가 어려운 상황을 맞이하자 하나님께 질문을 합니다.

하박국 BC 610~599년의 상황, 하박국 선지자

하박국이 하나님께 호소합니다.

"유다가 악행을 일삼고 있는데 하나님은 왜 침묵하고 계십니까?"

하나님이 대답하십니다.

"내가 바벨론을 통해 유다를 심판하겠다."

하박국은 또 질문합니다.

"왜 하필이면 바벨론을 들어 심판하십니까?"

하나님이 대답하십니다.

"바벨론도 그들의 죄로 인해 심판당할 것이다. 비록 유다가 심판을 당하더라도 그 가운데 의인은 믿음으로 구원을 얻을 것이다."

하박국은 모든 의문이 풀린 가운데 하나님을 찬양합니다.
"무화과나무에 무화과가 없고, 포도나무에 포도가 없고, 외양간에 소가 없을지라도 나는 하나님 때문에 즐거워하겠습니다."

바벨론 제국(BC 612~539년)

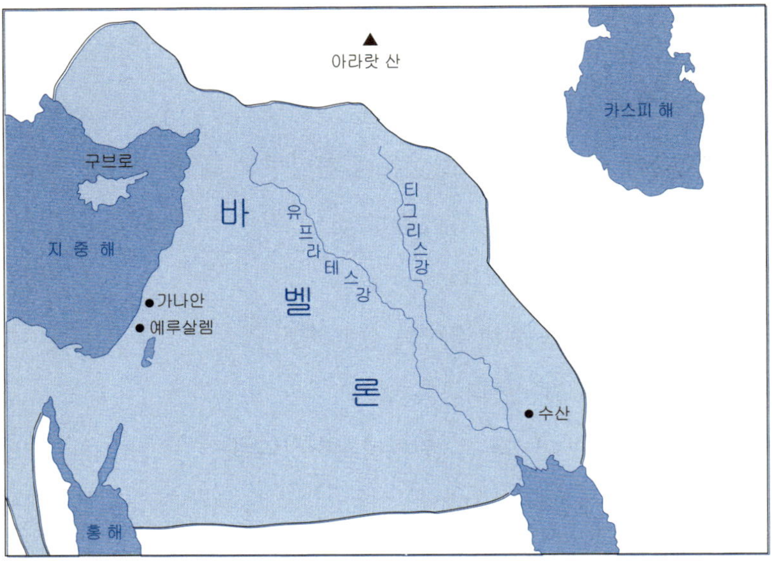

16대 요시야 왕이 죽고 ⑰ 여호아하스 왕에 이어 ⑱ 여호야김이 왕이 되었습니다. 이때 바벨론이 쳐들어와 왕과 다니엘과 그 밖의 포로들을 잡아갔습니다(1차).

⑭ 므낫세 왕
⑮ 아몬 왕
⑯ 요시야 왕
⑰ 여호아하스 왕
⑱ 여호야김 왕
⑲ 여호야긴 왕
⑳ 시드기야 왕
남유다 멸망 BC 586년

여호야김 왕이 죽고 그의 아들 ⑲ 여호야긴이 왕이 되었지만 바벨론이 2차로 침입을 해서 여호야긴 왕과 에스겔과 포로들을 잡아갔습니다. 이제 ⑳ 시드기야가 유다의 마지막 왕이 됩니다. 시드기야 왕 11년에 바벨론이 3차로 또 쳐들어와서 시드기야 왕을 포로로 잡아가고 예루살렘에 바벨론 총독을 임명해 놓습니다(BC 586년).

이제 북이스라엘에 이어 남유다도 완전히 멸망했습니다. 예레미야 선지자는 나라가 망한 것을 애통해하며 애가(슬픈 노래)를 짓습니다.

예레미야 애가 BC 586년, 예레미야 선지자

아, 슬프다. 예루살렘이 그렇게 죄를 짓더니 마침내 조롱거리가 되었구나. 내 눈에서 눈물이 물처럼 흐른다.

예루살렘아, 큰소리로 하나님께 부르짖어라.

"하나님께서는 완전히 우리를 버리셨습니까?"

예레미야는 무너진 남유다의 예루살렘을 다시 복원해 달라고 호소를 합니다.

남유다도 망했지만 남유다의 역사는 계속 이어져 포로기 시대로 접어듭니다. 북이스라엘은 더 이상 성경에 나오지 않지만 남유다(유대)는 포로시대를 거쳐서 신약으로 이어집니다. 신약의 유대인들이 바로 남유다의 백성들입니다.

포로시대를 기록한 역사서는 역대상·하와 에스라와 느헤미야입니다.

말씀 정리

'열왕기'란 용어는 왕들의 이야기를 나열해 놓았다는 뜻입니다. 솔로몬이 왕이 되어 성전을 건축한 후에 하나님께 죄를 지었습니다. 솔로몬의 죄 때문에 솔로몬이 죽은 후에 나라가 북이스라엘과 남유다로 갈라집니다.

남유다에는 하나님께 순종하는 왕이 몇 명 있었지만 북이스라엘에는 한 명도 없었습니다.

결국 북이스라엘이 BC 722년에 앗수르에게 망하고 맙니다. 남유다도 약 140년이 지난 BC 586년에 바벨론에게 나라를 빼앗겼습니다. 약 500년간 이어지던 나라가 망했지만 남유다의 역사는 계속됩니다.

하나님께서 계속 유다(유대) 백성들을 이끌고 계십니다. 유다 백성들은 어떻게 살아갈까요?

08
역대기

태초부터 BC 538년까지의 기록입니다. BC 450년 '에스라'가 기록함.

역대상 · 하는 열왕기상 · 하와 비슷한 내용입니다. 하지만 열왕기상 · 하는 북이스라엘 중심으로 쓰였고, 역대상 · 하는 남유다를 중심으로 쓰였습니다.

1. 역대상

지금은 포로시대입니다. 바벨론에 포로로 잡혀와서 살다 보니 유다 백성들은 자신들이 특별히 하나님으로부터 선택받았다는 민족의 정체성이 희미해져 있었습니다. 이스라엘 민족의 정체성을 심어 주기 위해서 족보가 기록됩니다.

남유다의 족보 요약
아담 ⇒ 셋 ⇒ 노아 ⇒ 셈 ⇒ 아브라함 ⇒ 이삭 ⇒ 야곱 ⇒ 유다(야곱의 넷째 아들) ⇒ 다윗 ⇒ 솔로몬 ⇒ 남유다의 왕들(① 르호보암 왕부터 ⑳ 시드기야 왕까지)

페르시아 제국(BC 539~332년)

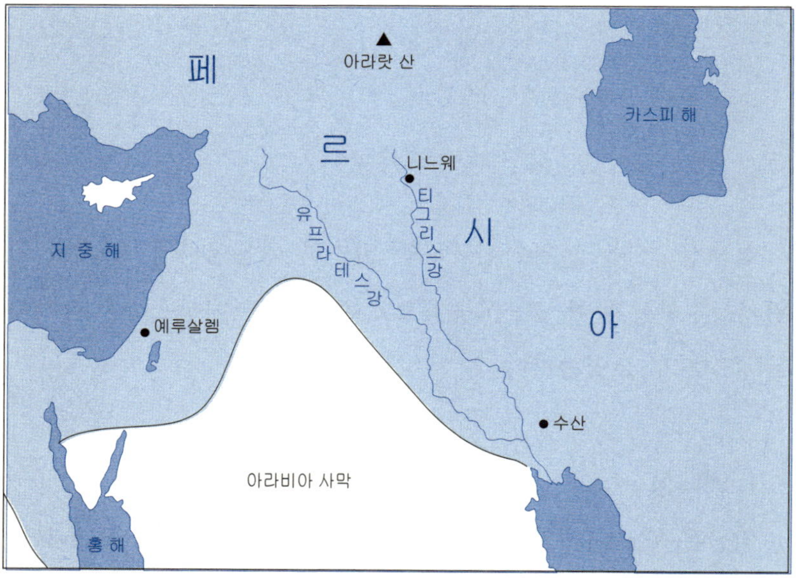

역대기·에스라·느헤미야 지도 – 페르시아가 아라비아 사막을 제외한 지도의 전 지역을 차지함. 에스라가 페르시아 제국의 수도 수산에서 예루살렘까지 도착하는 데 4개월이 걸림. 애굽(현재: 이집트), 아라비아 사막(현재: 사우디아라비아) 가나안(현재: 이스라엘), 니느웨(옛 앗수르의 수도로서 현재는 이라크) 수산(페르시아 제국의 수도로서 현재는 이란)

통일 이스라엘 나라의 1대 왕인 사울 왕이 죽고 난 후 다윗이 왕이 됩니다(BC 1010년). 다윗은 왕이 된 후에 하나님의 성전을 짓고 싶어 합니다.

하지만 하나님은 다윗이 성전 짓는 것을 허락하지 않으시고 이렇게 말씀하십니다.

"너는 내가 살 집(성전)을 지을 사람이 아니다. 네 아들 가운데 하나가 나를 위해 성전을 지을 것이다. 하지만 나는 너의 집안이 이 나라를 영원히 다스릴 수 있게 하겠다."

그 후 다윗 왕은 주변 나라들을 모두 물리치고 이스라엘을 크고 강성한 나라로 만들었습니다. 다윗 왕은 그의 아들 솔로몬을 불러서 "성전을 지으라"고 말하였습니다. 다윗 왕은 나이가 많이 들어 늙게 되자 아들 솔로몬을 왕으로 세웠습니다(BC 970년).

2. 역대하

다윗의 아들 솔로몬이 이스라엘 왕이 되어 40년을 다스렸습니다. 솔로몬은 하나님께 지혜를 받아서 백성들을 잘 다스렸고 하나님의 성전도 지었습니다.

그러나 솔로몬은 700명의 후궁과 300명의 첩을 두게 되었습니다. 그러다 보니 결국 이 여인들이 믿는 이방신을 섬기는 큰 죄를 짓게 되었습니다. 하나님은 두 번에 걸쳐서 경고를 하셨지만 솔로몬 왕은 듣지 않았습니다.

① 르호보암
② 아비야
③ 아사
④ 여호사밧
⑤ 여호람
⑥ 아하시야
⑦ 아달랴
⑧ 요아스
⑨ 아마샤
⑩ 웃시야
⑪ 요담
⑫ 아하스
⑬ 히스기야
⑭ 므낫세
⑮ 아몬
⑯ 요시야
⑰ 여호아하스
⑱ 여호야김
⑲ 여호야긴
⑳ 시드기야
남유다 멸망 BC 586년

하나님은 할 수 없이 나라를 반으로 나누셨습니다. 솔로몬이 죽자 그의 아들 르호보암을 남쪽 유다의 왕으로 삼으셨고, 북쪽 10 지파는 북이스라엘이라는 이름으로 여로보암을 왕으로 세우셨습니다. 남유다에는 총 20명의 왕이 있었습니다.

① 르호보암 왕은 하나님을 제대로 섬기지 않고 죄를 짓습니다. ④ 여호사밧 왕은 다윗 왕을 본받아 하나님을 잘 섬겼으므로 남유다를 강한 나라로 만들었습니다.

⑤ 여호람 왕은 바알 신을 섬기는 아달랴와 결혼을 하였고 2년을 병으로 고생하다가 죽습니다. 그의 아들 아하시야가 왕이 되었으나 1년 만에 죽고 여호람 왕의 왕후였고, 아하시야 왕의 어머니였던 아달랴가 모든 왕족들을 죽이고 7대 왕이 됩니다.

그러나 당시의 제사장이었던 여호야다가 ⑥ 아하시야의 아들 요아스를 성전에 숨겨 두었습니다. 여호야다는 6년 후에 아달랴 여왕을 죽이고 ⑧ 요아스를 왕으로 세웁니다. 요아스 왕은 대대적으로 하나님의 성전을 고치는 일을 하며 하나님을 잘 섬겼습니다.

⑩ 웃시야는 왕이 되어 하나님을 잘 섬김으로 하나님이 도와주셔

서 나라가 강성해졌습니다. 그러나 점점 교만해진 웃시야는 제사장만이 할 수 있는 일을 하는 죄를 짓습니다. 웃시야 왕은 하나님의 성전에 들어가서 직접 향을 피우는 죄를 저질렀습니다. 그로 인해 그의 이마에 문둥병이 생겼고, 별궁에 격리되어 살다가 죽었습니다.

⑫ 아하스 왕은 바알 신상을 만들 뿐만 아니라 자기 아들까지도 불에 태워 몰렉 신에게 제물로 바치기도 하였습니다. 아하스의 뒤를 이어 그의 아들 ⑬ 히스기야가 왕이 되었습니다. 히스기야는 하나님의 성전을 고치고 유월절을 지켰습니다.

히스기야 왕 때에 앗수르가 북이스라엘을 점령합니다. 그리고 앗수르는 남유다까지 쳐들어옵니다. 히스기야 왕은 이사야 예언자와 함께 하나님께 기도하였고, 하나님은 천사를 보내셔서 앗수르 군사들을 죽이셨습니다.

그런데 이번에는 히스기야 왕이 죽을병에 걸리고 말았습니다. 왕은 벽을 보고 기도를 하였고, 하나님께서 왕의 생명을 15년 연장시켜 주셨습니다.

⑯ 요시야 왕은 이제까지 볼 수 없을 정도로 유월절을 대대적으로 지켰습니다. ⑱ 여호야김 왕은 하나님 보시기에 악했습니다. 바벨론이 쳐들어와서 여호야김 왕과 최고의 관리들을 포로로 잡아갔습니다.

이를 바벨론 1차(BC 605년) 침입이라고 합니다. 이때에 포로 중에 다니엘(선지자)이 있었습니다.

다니엘 BC 606~529년의 상황, 다니엘 선지자

다니엘이 ⑱ 여호야김 왕 때에 바벨론의 느부갓네살 왕의 포로로 끌려가지만 바벨론 왕의 신하가 됩니다. 그 후 다니엘은 페르시아의 고레스 왕 때까지 왕의 신하로 살지만 하나님의 뜻대로 살면서 하나님의 말씀을 기록했습니다. * 페르시아가 바벨론을 정복했습니다.

여호야김이 왕이 된 지 3년째 되는 해에 바벨론 왕 느부갓네살이 예루살렘으로 쳐들어와 유다의 왕족과 귀족의 아들들을 포로로 잡아서 바벨론으로 데리고 갔습니다.

느부갓네살이 왕이 된 지 2년째에 이상한 꿈을 꾸었습니다. 왕은 마술사와 주술가와 점성가와 점쟁이들에게 어떤 꿈을 꾸었는지도 알려 주지 않고 해몽을 하라고 했습니다. 그들은 당연히 알지 못했지만 다니엘은 하나님이 주신 환상을 보고 그 꿈의 비밀을 알게 됩니다.

왕이 본 꿈은 거대한 신상(신의 형상을 새긴 것)인데 그 신상은 머리, 가슴, 배, 다리로 되어 있었습니다(p. 144 참고). 이 신상은 앞으로 있을 4대 제국, 즉 머리는 바벨론 제국, 가슴은 페르시아 제국, 배는 그리스 제국, 다리는 로마 제국을 의미합니다. 다니엘은 이 꿈을 해몽해 줍니다.

그 후 다니엘이 꿈을 해몽한 대로 페르시아가 바벨론을 점령합니다.

⑱ 여호야김 왕이 죽고 ⑲ 여호야긴이 왕이 되었을 때에 바벨론이 2차(BC 597년)로 침범을 해서 여호야긴 왕과 포로들을 잡아가는데, 이때 포로 중에 에스겔이 있었습니다.

에스겔 BC 593~571년의 상황, 에스겔 선지자

에스겔은 환상을 봅니다. 그 환상은 하나님이 예루살렘 성전을 떠나시는 장면과, 그 후 6백 년이 넘도록(예수님께서 오실 때까지) 하나님께서 성전으로 돌아오지 않으시는 장면입니다. 그 후 예수님이 오셔서 성전을 회복시키십니다.

나 에스겔 제사장이 포로로 잡혀온 사람들과 함께 그발 강가에 있었을 때에 하나님이 주신 환상을 보았습니다. 하나님이 남유다에게 말씀하셨습니다.

"너희가 우상을 섬긴 것과 악한 일로 내 성소를 더럽혀 놓았기 때문에 너희에게 전쟁이 닥치게 하겠다. 그러나 너희 가운데 일부를 남겨 두어 외국 땅에서 흩어져 살게 하겠다."

하나님의 영이 나(에스겔)를 데리고 가서 한 골짜기 가운데 내려놓으셨는데, 그곳에는 말라 버린 뼈가 가득했습니다.

하나님이 뼈들에게 말씀하시자 몸이 회복되었고, 그들이 살아나 큰 군대를 이루었습니다. 그때 하나님께서 말씀하셨습니다.

"이 뼈들이 이스라엘 온 족속이다."

그 후 나(에스겔)는 또다시 환상을 보았습니다. 성전에서 물이 흘러나와 다리, 무릎, 허리까지 차는 장면이었습니다. 이 물이 점점 더 깊어지면서 온갖 생물이 다시 살아났습니다. 이것은 앞으로 회복되는 날에 있을 새 성전을 보여주는 장면입니다.

⑳ 시드기야 왕 때에 바벨론이 세 번째(BC 587년)로 다시 쳐들어와 예루살렘 성전과 궁궐을 불사르고 성벽을 헐었으며 백성들을 포로로 잡아갔습니다(3차 침입). 이때부터 남유다는 바벨론에 완전히 망하게 됩니다(BC 586년). 바벨론은 남유다에 총독을 세워 다스렸습니다.

그 후 페르시아가 바벨론을 점령했습니다(BC 539년). 하나님이 하박국 선지자(하박국서)에게 예언하신 대로 바벨론은 페르시아에 망했습니다(지도 참조).

페르시아의 고레스 왕은 왕위에 오른 첫해에 조서(왕이 백성에게 알리고자 적은 문서)를 써서 돌렸습니다(BC 538년).

"하늘의 하나님께서 유대의 예루살렘에 하나님의 성전을 지으라고 명하셨다. 유대 백성들이 하나님의 성전을 지을 수 있도록 유대인 포로들을 예루살렘으로 돌려보내고 그들이 지을 하나님의 성전을 위해 예물도 주도록 하여라."

포로였던 에스라와 느헤미야는 고레스 왕의 명령으로 예루살렘으로 돌아와서 이스라엘 백성들을 지도합니다(지도 참조).

말씀 정리

열왕기에서 남유다(유대)는 바벨론의 공격을 당해 나라를 빼앗겼습니다. 하지만 지금은 페르시아가 바벨론을 점령해서 페르시아가 유대 백성의 주인이 되었습니다. 페르시아의 포로가 되었음에도 불구하고 유대 백성들은 여전히 하나님의 선택을 받은 민족이며, 하나님 나라의 백성들입니다.

이러한 상황에서도 하나님을 잘 믿는 특별한 사람들이 있었습니다. 하지만 그 외의 백성들은 그렇지 못했습니다. 그들에게 하나님의 자녀다운 정체성을 다시 되찾아 주어야 합니다. 에스라가 역대상 · 하를 기록함으로써 그 일을 감당했습니다.

역대상 · 하는 아담부터 시작하여 포로시대까지 남 유대계로 내려오는 족보를 그려 줍니다. 이제 이 유대 백성들은 포로시대를 어떻게 살아갈까요?

09 에스라

BC 538~444년의 상황, 에스라

에스라는 열왕기하에서 남유다(유대)가 망한 이야기를 이어갑니다. 남유다는 BC 586년에 바벨론에 의해 멸망을 하였습니다. 그 후 바벨론을 페르시아가 무찌르고 이제 유대의 주인은 페르시아가 됩니다(지도 참조).

페르시아의 고레스 왕은 하나님의 감동으로 BC 538년에 이스라엘 백성이 예루살렘으로 돌아가서 성전을 다시 짓도록 허락합니다. 이때 이스라엘 백성들이 예루살렘으로 돌아오는 것을 1차(BC 537년) 포로귀환이라고 합니다(지도 참조).

페르시아에서 돌아온 지 2년째 되는 해, 즉 BC 536년 둘째 달에 '스룹바벨'과 '예수아'라는 지도자들이 움직여서 예루살렘 성전을 다시 짓기 시작합니다. 이 소식을 들은 유대의 적들은 성전 짓는 일을 결사적으로 방해합니다.

결국 그 방해로 인하여 성전 짓는 일은 중단되었습니다. 중단된 지 16년이 지난 BC 520년 페르시아의 다리오 왕 때에 하나님은 학개 선지자와 스가랴 선지자를 택하셔서 중단된 성전을 짓게 하십니다. 그때에 학개와 스가랴 선지자가 유다 사람들에게 예언을 했습니다.

학개 BC 520년, 학개 선지자

성전 공사가 중단된 채 방치되고 있을 때.

성전 짓는 것을 중단한 지 16년이 지난 때, 즉 BC 520년 6월 1일에 학개 선지자가 하나님의 말씀을 전했습니다.

"성전이 이렇게 무너져 있는데, 너희만 멋진 집에서 사는 것이 옳으냐?"

"여러분, 이제는 우리가 성전을 건축해야 합니다."

BC 520년 6월 15일 백성들은 다시 성전을 짓기 시작합니다. 그러나 성전의 모습은 형편없어 보입니다.

7월 21일 하나님은 다시 말씀하셨습니다.

"나의 영이 아직도 너희와 함께 있다. 그러니 두려워하지 말고 강해져서 성전 재건 작업에 임해라. 나의 축복이 너희들과 함께할 것이다."

스가랴 BC 520~518년의 상황, 스가랴 선지자

스가랴는 8가지 환상을 보고 장차 오실 왕(예수님)이 나귀를 타고 예루살렘에 들어가실 것을 예언합니다.

페르시아의 다리오 왕 2년 BC 520년 8월에 하나님께서 스가랴 예언자를 통해 말씀하셨습니다.

"너희는 나에게 돌아오너라. 나도 너희에게로 돌아가리라."

다리오 왕이 4년째 되던 BC 518년 9월 4일에 하나님께서 스가랴에게 말씀하셨습니다.

"내가 예루살렘 성전에서 살겠다."

"보라 네 왕은 의로우시며 구원하시는 왕이다. 그는 겸손하시어 나귀 새끼를 타고 오신다. 그날이 오면 그가 온 세상의 왕이 되실 것이다."

하나님은 이스라엘로 하여금 성전을 성공적으로 재건하며 영적 부흥을 이루는 일에 열심을 다하도록 격려하시기 위해 환상과 예언을 통해 말씀하셨습니다.

스룹바벨과 예수아도 성전을 다시 짓는 일에 동참하였습니다. 다리오 왕 6년, 즉 BC 516년에 성전을 완성합니다. 백성들은 기뻐하며 예배를 드렸고 유월절도 지켰습니다.

한편 저 멀리 페르시아의 수도 수산에서는 에스더 사건이 발생합니다.

에스더 BC 485~465년의 상황, 페르시아 아하수에로 왕 때의 일

당시에 수산 성에는 모르드개라는 유대 사람과 그의 수양딸인 에스더가 있었습니다. 아하수에로가 왕이 된 지 7년째 되는 해 열째 달에 아하수에로 왕은 유대 사람 에스더를 왕후로 삼았습니다(BC 478년).

아하수에로 왕에게는 '하만'이라는 왕 다음가는 신하가 있었습니다. 그 하만이 아하수에로 왕에게 유대인들을 모함하며 죽여야 한다고 주장합니다. 아하수에로 왕은 허락합니다.

이 소식을 들은 모르드개는 급히 에스더에게 알립니다. 에스더 왕후는 유대 백성들에게 3일 금식을 시킨 뒤 자신도 금식을 하고 왕에게 나아갑니다.

에스더는 왕에게 하만의 음모를 말하면서 유대인들을 살려달라며 눈물을 흘립니다. 왕은 분노해서 하만을 죽일 뿐만 아니라 유대인을 대적하는 무리 7만 5천 명도 죽입니다(BC 474년경).

유대인들은 이날을 기념하여 부림절이라는 명절로 지키고 있습니다.

성전을 다시 지은 지 몇십 년이 지나 아닥사스다 왕이 페르시아를 다스리던 때에 '에스라'라는 사람이 있었습니다. 에스라는 하나님의 율법을 잘 아는 제사장입니다.

에스라는 BC 458년에 아닥사스다 왕의 허락을 받고 이스라엘 지도자들과 함께 페르시아에서 예루살렘으로 돌아옵니다. 아직 페르시아에 남아 있던 포로들이 에스라와 함께 돌아온 것을 2차(BC 458년) 포로귀환이라고 합니다.

유대 땅에 도착한 에스라는 매우 비참한 심정이었습니다. 대다수의 유대 백성뿐만 아니라 유대의 지도자들까지도 이방 불신자와 결혼을 했기 때문입니다.

에스라는 너무나 기가 막혀 머리털과 수염을 쥐어뜯으며 주저앉았습니다. 그러자 하나님의 말씀을 두려워하는 백성들도 에스라 주변에 모여서 큰 소리로 울었습니다. 에스라는 포로로 잡혀갔다가 돌아온 모든 백성들에게 3일 안에 모두 예루살렘으로 모이라고 했습니다.

에스라 제사장이 말하였습니다.

“여러분은 하나님께 이방 사람들과 결혼하는 죄를 지었습니다. 이제는 이방 사람들과의 관계도 끊고, 이방인 아내와도 헤어지십시오.”

백성들은 모두 그렇게 하겠다고 약속하고, 각자 숫양 1마리씩 잡아서 하나님께 속죄의 제물로 바쳤습니다.

말씀 정리

에스라 제사장은 먼저 역대상 · 하를 기록함으로써 포로시대를 살고 있는 유대 백성들의 정체성을 분명히 해주었습니다. 그리고 에스라서를 통해서 포로시대의 역사를 기록했습니다.

BC 537년에 포로들이 1차로 돌아온 일과 BC 516년에 하나님의 성전을 완성한 일, 그리고 BC 458년에 포로들이 2차로 돌아온 일 등을 기록했습니다.

그리고 에스라는 백성들에게 하나님의 선택을 받은 민족임을 일깨워 주었고, 그 결과 백성들은 하나님께 죄를 고백했습니다.

그러나 유대 백성들은 힘겨운 삶을 살았습니다. 하나님의 성전은 다시 건축되었지만 성전을 둘러싸고 있던 성벽은 여전히 허물어진 상태로 있습니다. 성벽을 이대로 두어도 괜찮을까요?

10
느헤미야

BC 445~424년의 상황, 느헤미야

느헤미야는 페르시아의 아닥사스다 왕의 술 관원(높고 중요한 직책)이었습니다. 아닥사스다 왕 20년 11월에 페르시아의 수도인 수산에 있을 때의 일입니다(BC 445년).

유대(유다)에는 포로로 잡혀가지 않고 남아 있던 유대인들이 많이 있었습니다. 느헤미야는 페르시아로 찾아온 하나니(동생)에게 유대(유다)의 소식을 들었습니다.

"유대에 남은 사람들은 고생이 아주 심하고, 멸시를 당하고 있습니다. 또한 예루살렘 성전의 성벽은 아직까지 무너진 채로 있고, 성문들도 불에 탄 그대로 남아 있습니다."

느헤미야는 너무나 슬퍼서 주저앉아 울고 며칠 동안 금식하면서 하나님께 기도했습니다. 그다음 해 4월에 느헤미야는 왕에게 요청합니다.

"저를 예루살렘으로 보내주셔서 예루살렘 성벽을 다시 세우게 해주십시오."

왕은 BC 444년에 느헤미야를 유대 땅 총독으로 임명하고 예루살렘으로 보내주면서 말했습니다.

"네가 예루살렘으로 가서 성벽을 세우고 나면 다시 돌아오라."

이에 느헤미야와 유대인들(아직 페르시아에 남아 있던 포로들)이 예루살렘으로 돌아가는데, 이를 3차(BC 444년) 포로귀환이라고 합니다.

느헤미야는 예루살렘에 도착하여 백성들에게 성벽을 쌓게 하였습니다. 하지만 대적들이 방해를 합니다. 그래서 백성들은 한 손에는 칼을 들고 한 손으로는 성벽보수 작업을 합니다.

하지만 보수 작업을 하는 백성들은 느헤미야 총독에게 고통을 호소해 옵니다. 그 이유는 가난한 동포를 못살게 구는 지도자들이 너무 많았고 이자가 너무 높아서 노예가 된 아이들도 있었기 때문입니다.

느헤미야는 지도자들을 불러 말했습니다.

"여러분은 앞으로 모든 이들에게 이자를 받지 말고 비싸게 받은 이자는 돌려주시오."

백성들은 느헤미야의 말을 따랐습니다. 52일 만에 성벽을 다 쌓고 보수하는 일을 마쳤습니다. 그 후 느헤미야는 에스라와 함께 백성들에게 하나님의 말씀을 가르칩니다.

성벽 쌓는 일을 마친 느헤미야는 아닥사스다 왕과의 약속대로 페르시아로 돌아갔습니다(BC 433년).

그 후에 느헤미야는 다시 예루살렘으로 옵니다. 돌아와 보니 예루살렘 유대 백성들의 상황이 전처럼 다시 나빠진 것을 알게 됩니다.

느헤미야가 다시 백성들을 독려해서 바로잡습니다. 하지만 느헤미야는 자신이 떠나면 백성들이 언제든지 타락할 것을 염려합니다.

이렇게 구약성경의 마지막 역사책인 느헤미야서는 끝이 납니다. 하지만 하나님은 새 언약을 주셨습니다. 새 언약은 이 땅에 메시아(구원의 하나님: 예수님)를 보내겠다는 약속입니다. 그러므로 우리에게는 메시아를 기다리는 일이 남았습니다.

구약의 마지막 성경이자 선지서는 말라기서입니다. 하나님은 말라기 선지자를 통해서 말씀하십니다.

말라기 BC 435~424년의 상황, 말라기 선지자

말라기서는 구약의 마지막 성경으로서 구약과 신약을 이어주는 역할을 합니다.

이것은 하나님께서 말라기 선지자를 통해 이스라엘 백성들에게 경고하신 말씀입니다.

"나는 너희를 사랑한다. 그러나 너희는 내 규례(법)를 지키지 않았다. 이제는 나에게로 돌아오너라. 그러면 나도 너희에게 돌아가겠다. 나의 크고 두려운 심판의 날이 이르기 전에, 내가 너희에게 엘리야 예언자를 보내주겠다. 엘리야가 와서 너희들이 회개하도록 이끌고 너희가 믿음을 갖게 할 것이다."

이렇게 구약은 '엘리야를 기다리라'는 선언으로 끝이 납니다. 말라기에서 말하는 '엘리야'는 신약에서의 '세례 요한'입니다. 하지만 엘리야는 곧 오실 메시아(구원의 하나님: 예수님)가 하실 일을 준비할 것이기 때문에 말라기서는 끝이 아닙니다.

말씀 정리

말라기서 이후 성경에는 약 4백 년 동안의 기록이 없습니다. 이 시기를 침묵기, 암흑기로 표현합니다. 이 시기에 세계의 흐름은 다니엘서에 예언된 대로 바벨론 제국, 페르시아 제국, 그리스 제국, 로마 제국으로 이어집니다.

신약성경을 보면 남 유대인들은 로마 제국의 포로가 되어 있습니다. 하지만 이런 환경 속에서도 유대인들은 메시아를 기다리며 살아가고 있습니다. 메시아(예수님)가 오시면 유대인들은 알아챌 수 있을까요?

구약성경 정리하기

1. 창세기(욥기)

2. 출애굽기(레위기)

3. 민수기(신명기)

4. 여호수아

5. 사사기(룻기)

6. 사무엘(시편)

7. 열왕기상(아가, 잠언, 전도서)

   열왕기하(오바댜, 요엘, 요나, 아모스, 호세아, 미가, 이사야, 나훔, 스바냐, 예레미야, 하박국, 예레미야 애가)

8. 역대기(다니엘, 에스겔)

9. 에스라(학개, 스가랴, 에스더)

10. 느헤미야(말라기)

신·구약 중간 시기와 신약의 배경

구약성경에서 말라기 선지자의 말라기서(BC 430년)를 끝으로 성경 기록상 구약시대는 막을 내리게 됩니다. 구약성경은 태초부터 BC 425년까지의 기록입니다. 이후 예수님의 탄생(BC 4년)으로 신약시대가 시작됩니다. 그러므로 BC 430~BC 4년까지는 성경 기록이 없습니다. 약 400년간의 이 기간을 신약과 구약의 중간 시기라고 합니다. 이때에 다니엘서에서 예언한 대로 바벨론, 페르시아, 그리스(헬라), 로마 등 네 개의 제국이 이어집니다.

다니엘서에서 바벨론의 왕 느부갓네살은 하나님이 주신 꿈을 통해 사람 형태를 보게 됩니다.

그리스 제국(BC 338~63년)

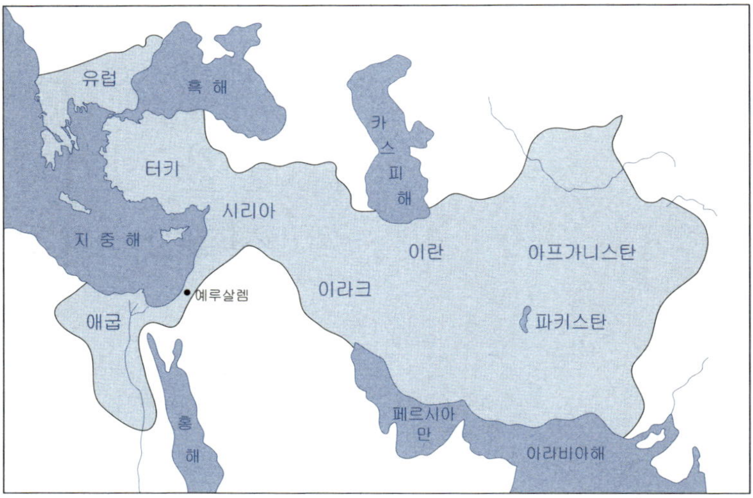

다니엘은 하나님의 도움으로 이 꿈을 해석하는데 머리는 금, 가슴과 팔은 은, 배와 넓적다리는 놋과 철, 발은 진흙이었습니다. 아래 그림을 보면 금은 바벨론, 은은 페르시아, 놋과 철은 그리스, 흙은 로마 제국입니다.

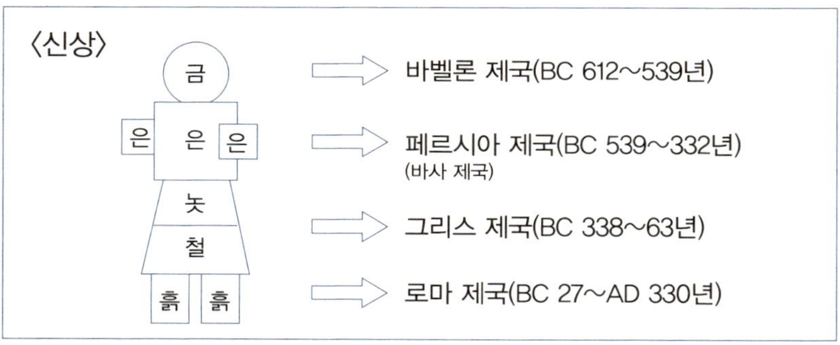

로마 제국(BC 27~AD 330년)

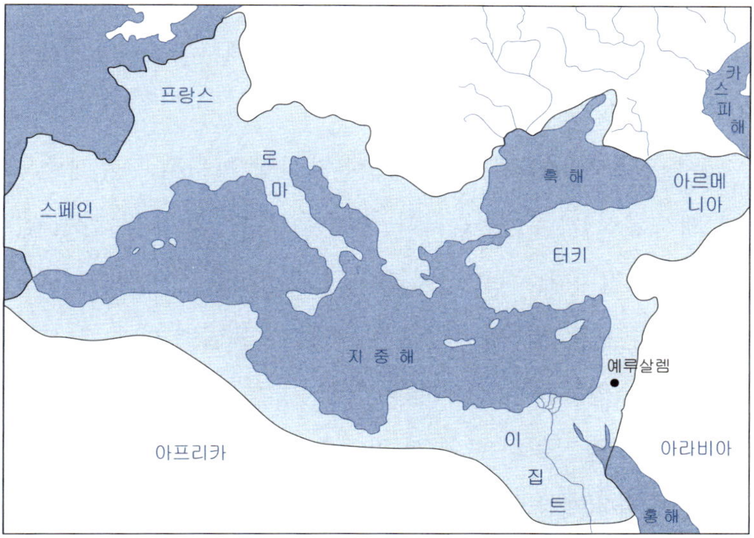

유다를 점령한 로마는 BC 37년 헤롯(대헤롯)을 통치자로 임명하고 왕이란 칭호까지 주었습니다.

신약 시기에는 예루살렘 성전에 가고 싶어도 갈 수 없을 정도로 멀리 흩어져 살던 유대인들이 가까운 곳에 회당을 세워 회당 중심으로 살았습니다. 이 회당은 제사장 또는 레위인이 아닌 평민 지도자가 중심이 되어 예배를 드리고 율법을 가르치는 곳으로 사용되었습니다.

당시의 유대교 지도자들은 제사장, 서기관, 바리새인, 사두개인들로 이루어져 있었습니다. 그중 특히 대제사장의 경우는 왕이 가졌던 특권과 위엄을 가졌기 때문에 종교적인 역할보다는 정치적인 부분에 더 관심이 많았습니다. 예수님이 살던 시대에는 대제사장의 특권을 탐낸 야심이 있는 사람들이 대제사장직을 로마에 돈을 주고 사기도 했습니다.

사두개인은 예루살렘의 귀족이나 제사장 가문의 부유계층으로 유대 제사장직을 독점했습니다. 이들은 부활, 천사, 사탄을 믿지 않는 상류층입니다. 주로 정치를 하였고 성전을 장악했습니다.

바리새인은 중류층이었습니다. 이들은 율법에 매우 엄격했습니다. 사두개인들이 성전을 장악하자 이들은 회당을 장악하였습니다. 이들은 평민들의 편에 서 있었습니다.

그 밖에 하위계층으로서 일용직 노동자, 어부, 농부들이 있었습니다.

신약

신약성경은 총 27권으로 구성되어 있습니다. 신약성경에 있는 순서와 약자를 살펴보겠습니다. 약자는 ( )로 표기합니다.

역사서(예수님과 사도들의 행적)	
① 마태복음(마)	④ 요한복음(요)
② 마가복음(막)	⑤ 사도행전(행)
③ 누가복음(눅)	
서신서(사도들이 쓴 편지들)	
⑥ 로마서(롬)	⑰ 디도서(딛)
⑦ 고린도전서(고전)	⑱ 빌레몬서(몬)
⑧ 고린도후서(고후)	⑲ 히브리서(히)
⑨ 갈라디아서(갈)	⑳ 야고보서(약)
⑩ 에베소서(엡)	㉑ 베드로전서(벧전)
⑪ 빌립보서(빌)	㉒ 베드로후서(벧후)
⑫ 골로새서(골)	㉓ 요한일서(요일)
⑬ 데살로니가전서(살전)	㉔ 요한이서(요이)
⑭ 데살로니가후서(살후)	㉕ 요한삼서(요삼)
⑮ 디모데전서(딤전)	㉖ 유다서(유)
⑯ 디모데후서(딤후)	
예언서	
㉗ 요한계시록(계)	

신약성경은 크게 셋으로 나눌 수 있습니다. ①~⑤는 역사서, ⑥~㉖은 서신서(편지), ㉗은 예언서입니다.

2부 신약

신약성경에는 4권의 복음서가 있습니다. 마태복음, 마가복음, 누가복음, 요한복음입니다. 4권 모두 예수님의 행적을 기록한 것이므로 4권을 시간 순서에 따라 하나로 통합하겠습니다.

이 책에서는 사복음서를 1. 예수님의 출생 2. 예수님의 일하심 3. 예수님의 희생으로 분류해서 살펴봅니다.

1. 예수님의 출생 – 베들레헴에서 출생하시고 애굽(이집트)로 피신

01
사복음서(예수님의 출생과 성장)
BC 4~AD 8년

갈릴리의 나사렛에 다윗의 후손인 '요셉'이라는 사람이 살았습니다(지도 참조). 이 요셉은 '마리아'라는 여인과 정혼(약혼)을 했습니다. 어느 날 마리아는 천사를 만나는 신비로운 체험을 합니다. 가브리엘이라는 천사가 나타나 마리아에게 이야기합니다.

"네 몸을 통하여 가장 높으신 분의 아들(예수님)을 낳을 것이다."

마리아는 자신이 남자를 알지 못하는 처녀라고 대답합니다. 천사는 성령 하나님의 기적으로 아기를 잉태하게 될 것이라고 알려 줍니다. 마리아는 믿음으로 대답합니다.

"저는 하나님의 여종이오니 말씀대로 이루어질 것을 믿겠습니다."

그러자 천사는 떠나갑니다. 그 후 요셉은 마리아가 임신한 사실을 알게 되었습니다. 선한 사람이었던 요셉은 마리아와 조용히 파혼하려고 합니다. 이때 요셉의 꿈에 하나님의 천사가 나타나 이야기합니다.

"마리아의 임신은 성령 하나님의 기적으로 된 것이니 마리아를 집으로 데려오라. 마리아가 아들을 낳을 것인데 이름을 예수라고 하여라. 그 예수가 자기(예수) 백성을 구원할 것이다."

잠에서 깨어난 요셉은 천사의 말대로 마리아를 집으로 데려왔습니다.

당시 로마는 많은 나라를 점령한 대제국이었습니다. 유대 땅은 로마가 통치하고 있었습니다. 당시에 로마의 황제(아우구스투스: BC 27-AD 14)가 온 천하에 호적(가족관계)을 등록하라고 명령합니다.

요셉은 다윗의 자손이므로 호적을 등록하기 위하여 다윗의 고향인 베들레헴으로 가야 했습니다(지도 참조). 요셉은 임신 중인 마리아와 함께 베들레헴에 도착했습니다. 그런데 베들레헴에는 호적을 등록하러 온 사람들이 너무 많아 방을 구할 수 없었습니다.

방을 구하지 못한 요셉과 마리아는 마구간(말을 키우는 곳)에서 아들을 낳습니다. 그리고 아기를 구유(말 여물통)에 눕혀 놓았습니다. 이 아기가 바로 예수입니다.

그 지역의 목자들이 밤에 들판에서 양 떼를 지키고 있었습니다. 그때에 주님의 천사가 나타나고, 주님의 영광이 목자들을 둘러 비추자(빛에 완전히 둘러싸인 상태) 그들은 몹시 두려워하였습니다. 천사가 그들에게 말하였습니다.

"두려워하지 마라. 온 백성에게 큰 기쁨의 소식을 가지고 왔다.

오늘 다윗의 동네에 너희를 위하여 구세주(구원의 하나님)께서 태어나셨다."

드디어 하나님께서 이 땅에 메시아(구원의 하나님)를 보내시겠다는 약속대로 되었습니다. 가난한 자, 포로 된 자, 눈먼 자, 눌린 자에게 복음을 전하기 위해서 메시아가 오실 것이라는 약속입니다. 이때가 BC 4년경이었습니다.

예수는 아브라함과 다윗의 자손입니다. 예수는 하나님의 아들이시며 태초에 계셨던 분입니다. 아브라함 때부터 시작된 하나님의 구원의 역사는 예수님에게서 완성됩니다.

당시 유대 땅은 로마 황제에게 임명을 받은 헤롯(대헤롯)이 왕으로 있었습니다. 이즈음에 동쪽 나라에서 몇 명의 박사(존귀한 자들)들이 유대 땅을 찾아와서 사람들에게 물었습니다.

"유대인의 왕(메시아를 다르게 부르는 이름)으로 태어나신 아기가 어디 계십니까? 우리는 그 아기의 별을 보고 여기까지 찾아왔습니다."

이 소식을 들은 헤롯 왕이 조용히 박사들을 불러서 말합니다. "베들레헴에서 태어날 것이라고 예언되어 있소. 베들레헴으로 가서 아기를 찾아보고 찾으면 나에게도 알려 주시오."

헤롯 왕은 구약에서 예언된 아기 때문에 자기의 왕권이 위태로울까 봐 아기를 죽이려고 했습니다. 박사들은 헤롯 왕과 헤어져 왕궁에서 나옵니다. 그런데 이게 웬일입니까?

왕궁에서 나와 보니 다시 별이 보이기 시작했습니다. 박사들이 기뻐하며 별을 따라가 보니 베들레헴입니다. 아기를 만나 경배를 드리고 아기에게 황금과 유향과 몰약을 예물로 드렸습니다. 몰약은 값이 많이 나가는 향기를 지닌 액체입니다.

그날 저녁 박사들은 꿈에 "헤롯에게 돌아가지 말라"는 지시를 받았습니다. 박사들은 헤롯 왕을 피해 다른 길로 돌아갔습니다.

박사들이 다른 길로 돌아갔다는 소식을 들은 헤롯 왕은 노발대발하여 명령하였습니다.

"두 살 이하의 아기는 다 죽여라."

그 후에 요셉의 꿈속에 천사가 나타나 말했습니다.

"헤롯 왕이 아기를 죽이려고 하니 일어나 아기를 데리고 애굽(이집트)으로 도망가거라."

꿈에서 깬 요셉은 한밤중에 일어나 마리아와 아기를 데리고 애굽(이집트)으로 가서 헤롯이 죽을 때까지 있었습니다. 헤롯이 죽자 요셉은 마리아와 아기를 데리고 애굽에서 나와 요셉과 마리아의 고향인 갈릴리의 나사렛으로 가서 살았습니다(지도 참조).

하나님을 잘 믿는 유대인들은 유월절이 되면 예루살렘 성전에 가서 예배를 드렸습니다. 나사렛에 사는 예수의 부모(요셉과 마리아)도 해마다 유월절이 되면 예루살렘 성전에 올라가서 예배를 드렸습니다. AD 8년 예수가 열두 살이 된 해의 유월절에는 예수도 부모님을 따라 예루살렘 성전에 올라가서 예배를 드렸습니다(지도 참조).

유월절이 끝나고 예수는 성전에서 율법학자들과 토론을 하는데 막힘이 없었습니다. 예수 안에는 하나님의 지혜와 지식이 감추어져 있었기 때문입니다. 열두 살 된 예수의 이야기를 듣는 율법학자와 사람들이 예수의 슬기와 지혜를 보고 매우 놀라워했습니다.

예수의 부모도 매우 놀랐습니다. 그 후 예수는 지혜와 키가 더욱 자랐고, 하나님과 사람들로부터 사랑을 받았습니다.

말씀 정리

하나님이 약속하셨던 메시아(예수님)가 태어났습니다. 하나님의 아들이시며 태초부터 계셨던 하나님이신데 인간의 몸을 입고 이 땅에 오셨습니다.

예수는 열두 살이 된 유월절에 성전에서 율법학자와 토론까지 벌일 정도로 성장하였습니다.

예수님은 약 30세가 된 후에 3년 동안 복음을 전하셨습니다. 사복음서에 시간은 기록되지 않았습니다.

하지만 우리가 시간을 유추해 볼 수 있는 길은 있습니다. 바로 유월절입니다. 유월절은 유대인들의 최대 명절입니다. 유월절은 하나님께서 이스라엘 자손을 애굽(이집트)의 노예에서 구원해 내신 것을 기념하기 위해 유대인들이 봄마다 종교의식으로 지키는 절기(축제)입니다.

유월절은 통상 4월 14일경입니다. 예수님이 일하시는 3년 동안 유월절을 세 번 겪으셨습니다. 4복음서 모두 유월절이 기록되어 있습니다. 그러므로 사복음서를 통합하여 예수님의 행적을 살펴보기 위해서 유월절을 기준으로 예수님의 행적을 살펴보겠습니다.

1) 첫 번째 유월절(AD 28년)

2) 두 번째 유월절(AD 29년)

02
사복음서(예수님의 일하심)

AD 27~29년

어느 날 세례 요한이라고 불리는 선지자가 나타났습니다. 세례 요한은 유대 사람들에게 회개(잘못을 뉘우침)하라고 외쳤습니다. 소문을 들은 많은 사람들이 예루살렘 근처 요단 강에 있는 세례 요한을 찾아와서 죄를 고백하고 요한에게 세례를 받았습니다(지도 참조).

세례 요한은 예수님에 대해서 이렇게 말합니다.

"나는 물로 세례를 베풀지만 앞으로 오실 메시아(예수님)는 성령과 불로 세례를 베푸실 것이다."

갈릴리의 나사렛에 살고 계셨던 예수님이 요단 강에 오셨습니다. 그리고 세례 요한에게 세례를 받으십니다. 이때 로마의 황제는 디베료였습니다. 예수님은 30세쯤 되셨습니다(AD 27년). 예수님이 세례를 받으실 때에 하늘로부터 소리가 났습니다.

"너는 내 사랑하는 아들이라."

2. 예수님의 일하심(예수님 행적 지도) – 유대에서 갈릴리까지 걸어서 3일 길, 시돈, 두로(현재: 레바논), 가이사랴 빌립보 (현재: 골란 고원), 갈릴리, 사마리아, 유대 (현재: 이스라엘), 베다니, 베들레헴, 감람산 (현재: 서안 지구)

예수님은 세례 받으신 다음 날 5명의 제자(안드레, 요한, 베드로, 빌립, 나다나엘)를 부르셨습니다.

1. 첫 번째 유월절

유대인의 명절인 유월절(AD 28년 4월)이 다가옵니다. 예수님은 유월절(4월)을 예루살렘에서 보내시고 8개월 후 그해(AD 28년) 겨울 수전절(12월)에 갈릴리로 출발하셨습니다(지도 참조). 수전절은 이방신에게 제사를 드림으로써 더럽혀졌던 성전을 깨끗하게 했던 날을 기념하는 유대인들의 축제 절기입니다.

예수님은 고향인 나사렛으로 가셨다가 가버나움으로 이사를 가셨습니다(지도 참조). 예수님이 가버나움으로 이사를 하신 후에 5명의 제자들은 각자 자기의 일터로 돌아갔습니다.

그 후 예수님은 제자들을 찾기 위해 게네사렛 호숫가로 찾아오셨습니다(지도 참조). 그가 보시니 배 두 척이 호숫가에 대어 있고, 어부들은 배에서 내려 그물을 씻고 있었습니다. 예수님은 그중 하나인 베드로의 배에 올라 말씀을 가르치셨습니다. 그러고 나서 베드로에게 말씀하셨습니다.

"깊은 데로 가서 그물을 던져라."

밤새도록 고기를 잡았지만 한 마리도 잡지 못한 어부 베드로입니다. 하지만 예수님의 말씀대로 깊은 곳으로 가서 그물을 던지니 고기가 너무 많아 그물이 찢어질 정도였습니다.

베드로가 예수님의 무릎 아래 엎드려 말합니다.

"주여! 저를 떠나주십시오. 저는 죄인입니다."

베드로는 예수님의 크신 권능과 기적 앞에서 나약하고 비천한 자신의 죄성(죄된 마음)을 깨닫게 되었습니다. 예수님은 베드로를 격려하십니다.

"이제 후로는 네가 사람들에게 복음을 전하리라."

베드로와 야고보와 요한이 모든 것을 버려두고 예수님을 따릅니다. 예수님은 온 갈릴리를 돌아다니시며 여러 회당에서 전도하셨습니다(갈릴리 1차 전도).

어느 날 네 명의 사람이 중풍에 걸려 누워 있는 사람을 침상에 메고 예수님께 와서 고쳐 달라고 합니다.

예수님은 중풍에 걸린 사람에게 이렇게 선포하십니다.

"네 죄가 용서받았다."

옆에 있던 유대 지도자들은 속으로 중얼거립니다.

'죄를 용서하실 수 있는 분은 오직 하나님 한 분이신데…….'

예수님은 그들의 속마음을 아시고 말씀하십니다.

"내가 이렇게 말하는 것은 나에게 죄를 용서하는 권세가 있는 줄 너희에게 가르쳐 주기 위해서이다."

예수님은 중풍병자에게 말씀하셨습니다.

"일어나 너의 침상을 가지고 집으로 가거라."

그 중풍병자는 벌떡 일어나 하나님께 영광을 돌리며 자기 집으로 돌아갔습니다. 이 모습을 보고 있던 사람들이 놀라서 하나님께 영광을 돌리며 매우 두려워하였습니다.

그 후에 예수님은 예루살렘에 올라가십니다. 예루살렘에 베데스다라는 연못이 있는데, 그 연못 주위에 38년 동안 병을 앓아온 환자가 누워 있었습니다. 예수님께서 말씀하셨습니다.

"일어나 너의 침상을 들고 걸어가라."

그 사람은 금방 나아서 일어나 걸어갔습니다. 그날은 안식일입니다. 안식일은 현재로 표현하면 주일(일요일)입니다. 당시에 유대인들은 안식일에는 환자의 병을 고치지 않았습니다.

유대인들이 예수님께 안식일에 병을 고치셨다고 항의합니다. 그러자 예수님이 유대인들에게 말씀하십니다.

"아버지께서 안식일에 일하시니 나도 일한다. 나는 안식일의 주인이다."

이 말을 들은 유대인들은 예수님을 죽이려고 합니다. 하나님을 자기의 친아버지라고 하기 때문입니다.

예수님은 사람들에게 설명하십니다.

"내 말을 듣고 또 나를 보내신 분을 믿는 사람은 영원한 생명을 얻었고, 심판을 받지 않을 것이며, 사망에서 생명으로 옮겨졌느니라."

그 후 예수님은 산에서 밤을 새워 기도하시고 날이 밝자 12명을 제자로 뽑으셨습니다. 이들을 12사도라고 합니다.

예수님이 산에 오르시자 많은 사람들이 산으로 올라와 예수님 앞에 섰습니다. 예수님은 산에서 설교를 하십니다.

“마음이 가난한 사람은 복이 있다. 하나님 나라가 그들의 것이다. 마음이 온유한 사람은 복이 있다. 그들은 땅을 물려받을 것이다. 너희는 세상의 빛이다. 너희의 착한 행실을 본 사람들이 하나님을 찬양하게 하라. 하나님 나라는 겉으로만 착한 체하는 것이 아니고 마음에서 시작한다. 남에게 대접을 받고자 하는 대로 먼저 남을 대접하라.”

어느 날은 예수님께서 나인이라는 마을로 들어가셨습니다(지도 참조). 나인 성에 가까이 갔을 때에 죽은 청년이 들것에 실려 나오고 있었습니다. 죽은 청년은 과부의 하나뿐인 자식이었습니다. 예수님은 과부를 불쌍히 여기시고, 죽은 청년을 살려 주셨습니다. 예수님에 대한 소문이 온 사방에 퍼졌습니다.

그 후 예수님은 두 번째로 온 갈릴리 지역을 돌아다니시며 전도를 하십니다(갈릴리 2차 전도). 12제자들과 여러 명의 여인들이 동행했습니다.

예수님은 여러 마을로 다니시며 죽었던 회당장의 딸도 살려 주시고, 12년을 혈루증으로 고생한 여인도 고쳐 주셨으며, 두 명의 맹인도 눈을 뜨게 해주십니다. 그리고는 잠시 쉬십니다.

그 후에 예수님은 다시 한 번 갈릴리의 모든 도시와 마을을 돌아다니시며 회당에서 가르치시고 천국 복음을 전파하시고 각종 병을 고쳐 주십니다(갈릴리 3차 전도).

예수님은 제자들에게 귀신을 쫓아내는 능력과 병을 고치는 능력을 주시면서 말씀하십니다.

"너희는 여러 마을로 가서 전도하라."

2. 두 번째 유월절

예수님이 하나님의 일을 시작하시고 두 번째 맞는 유월절(AD 29년 4월)이 다가옵니다. 하지만 예수님은 이번 유월절에는 예루살렘으로 가시지 않고 갈릴리에서 하나님의 일을 계속하십니다. 전도하러 떠났던 제자들은 예수님께 돌아와서 전도했던 일을 보고합니다.

예수님은 벳새다 들녘으로 가시는데 많은 사람들이 예수님을 쫓아옵니다(지도 참조). 아침부터 저녁까지 예수님의 말씀을 듣고 있던 사람들은 배가 매우 고팠습니다.

예수님은 보리떡 5개와 물고기 2마리를 가지고 하나님께 감사의 기도를 드리셨습니다. 이 사건을 '오병이어'라고 합니다. 그리고 사람들에게 나누어 주라고 말씀하셨습니다. 여자와 아이들 외에 남자만 5천 명이나 있었지만 그들 모두 배부르게 먹을 수 있었습니다.

예수님 일행이 배를 타고 건너편 마을에 도착하자 많은 사람들이 모여들었습니다. 예수님은 말씀하십니다.

"내가 십자가를 지고 죽었다가 3일 만에 다시 살아날 것이다."

사람들은 예수님의 말씀을 이해하지 못했고, 어려워했습니다. 예수님은 갈릴리를 떠나 두로와 시돈 지방을 거쳐서 가이사랴 빌립보 지방에 도착하십니다(지도 참조). 예수님은 본격적으로 제자들을 가르치시며 물으셨습니다.

"너희는 나를 누구라고 생각하느냐?"

베드로가 예수님께 고백합니다.

"주(예수님)는 그리스도시요 살아 계신 하나님의 아들이십니다."

예수님은 제자들에게 말씀하십니다.

"너희의 신앙고백(반석) 위에 교회를 세울 것이다."

예수님께서 갈릴리 가운데로 지나가십니다. 이때에 제자들에게 십자가에 대한 예언을 두 번째로 하십니다. 그러나 제자들은 깨닫지도 못하고 묻기도 두려워합니다.

초막절(AD 29년 10월)이 다가왔습니다. 초막절은 애굽(이집트)을 탈출한 이스라엘 사람들이 40년 동안 광야에서 장막생활을 한 것을 기념하기 위한 유대인의 명절입니다. 예수님 일행은 아주 오랜만에 갈릴리를 떠나 예루살렘으로 올라갑니다.

예수님은 초막절에 예루살렘에서 사람들에게 설교를 하십니다. "나는 인간의 몸을 입고 태어났지만 하나님 아버지께서 나를 보내셨다. 나는 하나님 아버지께로 다시 돌아갈 것인데 너희들은 나를 따라올 수 없다."

예수님은 십자가를 지실 것을 말씀하시지만 제자들은 알아듣

지 못합니다. 유대 지도자들은 예수님을 죽이려고 음모를 꾸미기 시작합니다.

수전절(AD 29년 12월)이 되었습니다. 예루살렘에서 유대인 지도자들이 예수님께 질문을 합니다.

"당신이 그리스도(구세주)입니까?"

예수님은 그들의 질문에 대답하십니다.

"내가 전에 말하였으나 너희는 나를 믿지 않았다. 내가 내 아버지의 이름으로 하는 일들이 나를 증언한다. 그러나 너희는 나의 양이 아니므로 믿지 않는다. 나를 믿지 않는 사람은 내 양이 아니다. 내 양은 나를 따르기 때문에 영생을 얻는다."

또 말씀하십니다.

"나와 아버지는 하나다."

유대인들은 신성모독(하나님을 조롱하거나 저주하는 행위)이라고 외치며 예수님을 잡으려고 하였으나 예수님은 피해 버리십니다.

예수님은 요단 강 건너편으로 가시는데 많은 사람이 예수님을 믿으며 따라갑니다. 예루살렘 근처의 베다니에 사는 마르다와 마리아의 오빠 나사로가 병이 들어 죽었습니다(지도 참조).

예수님은 나사로가 죽은 지 4일이나 지나서 베다니에 도착하십니다. 마중 나온 마르다를 보고 예수님은 말씀하십니다.

"나사로가 다시 살아날 것이다."

그렇게 말씀하시면서 마르다에게 물어보십니다.

"나는 부활이요 생명이니 나를 믿는 자는 죽어도 살겠고 살아서 나를 믿는 자는 영원히 죽지 않는다. 네가 이것을 믿느냐?"

마르다는 믿는다고 대답을 합니다. 예수님은 무덤으로 가셔서 선포하십니다.

"나사로야, 나오라!"

이미 죽었던 나사로가 무덤에서 나와 돌아다닙니다. 이때 사람들의 반응은 두 가지입니다. 어떤 유대인들은 예수님을 더 확실히 믿었습니다. 하지만 어떤 사람들은 예수님을 믿지 않음으로 이 소식을 유대 지도자들에게 알리기에 바쁩니다.

대제사장들과 바리새인들은 예수님을 죽이려고 모의를 합니다. 이제 약 3년간의 예수님의 사역이 끝나가고 있습니다.

말씀 정리

예수님은 약 3년간 일을 하셨습니다. 3년 동안 많은 병자를 고치시고, 죽은 자도 살리시고, 복음을 전하셨습니다. 그리고 많은 이적을 행하시고, 제자들을 가르치시며 자신이 메시아라고 선포하셨습니다. 그러면서도 십자가를 지시고 3일 만에 다시 살아나실 것도 말씀하셨습니다. 이에 유대인 지도자들은 예수님을 죽이려고 모의를 합니다. 예수님은 어떻게 되실까요?

03

사복음서(예수님의 희생)

AD 30년

예수님이 일하시고 세 번째 맞는 유월절이 다가옵니다. 예수님이 십자가를 지시기 4일 전 월요일, AD 30년 4월 11일입니다.

☞ 월	화	수	목(유월절)	금(십자가를 지심)	토	일(부활)

예수님은 성전에 들어가셔서 사고파는 사람들을 다 내쫓으시고 말씀하셨습니다. "나의 집은 모두가 기도하는 곳인데 너희는 강도의 소굴로 만들었다."

☞ 화	수	목(유월절)	금(십자가를 지심)	토	일(부활)

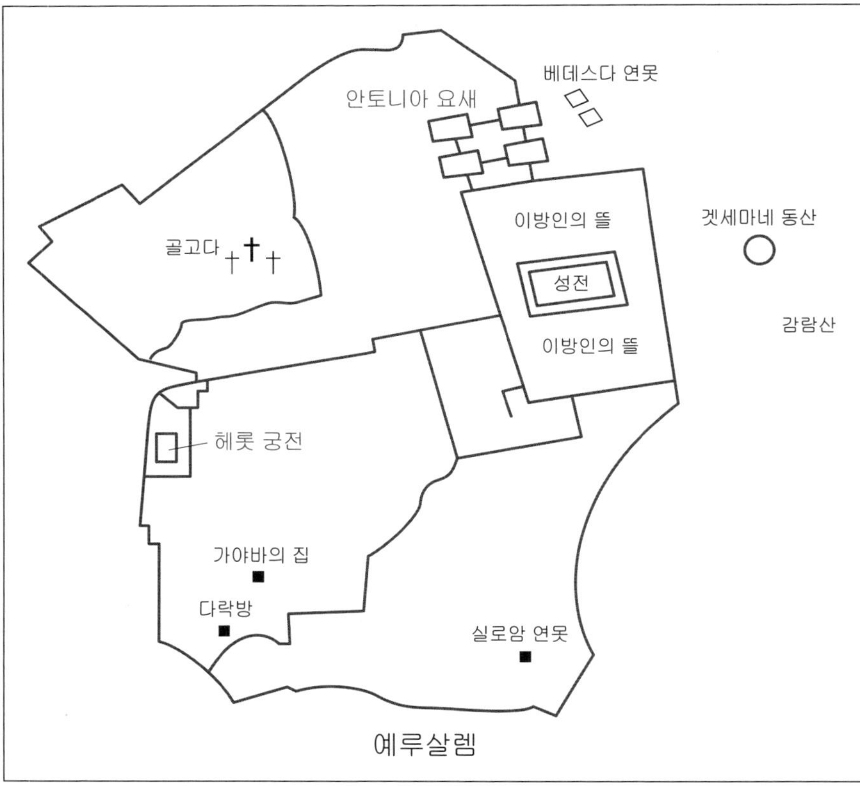

3. **예수님의 희생** – 예수님이 잡히시던 날에 총독 빌라도는 헤롯 궁전이나 안토니아 요새에 있었음.

아침에 예수님은 다시 예루살렘 성전에 들어가셔서 가르치십니다. 이때 유대 신학자들이 예수님께 묻습니다.

"무슨 권위로 성전에서 장사하는 사람들을 내쫓고, 무슨 권위로 기적을 일으켰습니까?"

예수님은 하나님으로부터 온 권위로 그러한 일을 하셨다고 대답하십니다.

해 질 무렵에 예수님은 성전에서 나와 감람산으로 올라가 설교를 하십니다(지도 참조).

"마지막 때에는 많은 사람이 내가 그리스도(구원의 하나님)라고 속일 것이다. 거짓 선지자가 많아질 것이다. 불법이 판을 치므로 사랑이 식어질 것이다. 그러나 끝까지 견디는 사람은 구원을 받을 것이다. 복음이 온 세상에 전해져야 끝이 올 것이다. 내가 다시 올 날은 아무도 모르고 오직 하나님 아버지만 아신다."

이때 대제사장들과 장로들이 가야바(대제사장)의 집에 모여 예수님을 죽이려고 모의를 합니다.

예수님의 12제자 중 가룟 유다가 유대 지도자들을 찾아왔습니다. 은 30을 주면 예수님을 넘겨주겠다고 제안합니다. 유대 지도자들은 기뻐하며 가룟 유다에게 은 30을 줍니다. 은 30은 노동자 140일 품삯이었습니다.

화	☞ 수	목(유월절)	금(십자가를 지심)	토	일(부활)

수요일에는 예수님이 제자들과 베다니에서 쉬십니다.

화	수	☞ 목(유월절)	금(십자가를 지심)	토	일(부활)

다음 날은 유월절(AD 30년 4월 14일)입니다. 초저녁에 예수님은 12명의 제자들과 유월절 식사를 하셨습니다. 예수님은 빵을 들고 감사 기도를 드린 후에 그 빵을 제자들에게 주시며 말씀하십니다.

"이 빵을 먹어라. 이 빵은 내가 너희에게 주는 나의 몸이다."

예수님은 포도주가 든 컵을 가지고 말씀하셨습니다.

"이 포도주를 마셔라. 이 포도주는 너희를 위하여 흘리는 나의 피다."

밤이 되었습니다. 예수님은 다락방에서 제자들에게 설교를 하셨습니다.

"서로 사랑하라. 너희가 서로 사랑하면 모든 사람이 너희가 나의 제자인 줄 알리라."

그리고 베드로에게 말씀하십니다.

"새벽에 닭이 울기 전에 네(베드로)가 나를 세 번이나 모른다고 할 것이다."

예수님의 이 말씀을 들은 제자들은 마음이 매우 무거웠습니다. 이것을 아신 예수님은 제자들을 위로하십니다.

"나는 너희를 위하여 하늘나라에 있는 영원한 안식처를 준비하러 간다. 내가 어디로 가는지 그 길을 너희는 알고 있다."

도마라고 하는 제자가 예수님께 물었습니다.

"저희가 그 길을 어떻게 알겠습니까?"

그러자 예수님이 대답하십니다.

"내가 바로 그 길이요, 진리요, 생명이다. 그러므로 나로 말미암지 않고는 아무도 아버지(성부 하나님)께로 올 사람이 없다."

예수님(성자 하나님)은 또 이렇게 약속하십니다.

"아버지께서 성령(성령 하나님)을 너희에게 보내주실 것이다. 그 성령은 너희 안에 계실 것이다."

어느덧 밤이 깊었습니다. 예수님 일행은 큰 다락방에서 나와 겟세마네 동산에 도착합니다.

겟세마네 동산에서 예수님은 땀방울이 핏방울이 될 정도로 간절히 기도하십니다.

"아버지여, 이 죽음(십자가)에서 벗어나게 해주십시오. 그러나 저의 원대로 하지 마시고 아버지의 뜻대로 하십시오."

예수님은 기도하시고 나서 잠이 든 제자들을 깨우며 말씀하십니다.

"일어나 가자. 나를 파는 자가 가까이 왔다."

화	수	목(유월절)	☞ 금(십자가를 지심)	토	일(부활)

예수님께서 제자들에게 말씀하실 때에는 밤 12시가 넘어서 금요일이 되었습니다. 한밤중에 대제사장과 장로들이 보낸 무리가 무기를 가지고 예수님을 잡으러 겟세마네 동산으로 올라왔습니다.

평소에도 예수님이 늘 그곳에서 기도하시는 것을 알고 있던 12제자 중 하나인 가룟 유다가 그 무리들을 이끌고 온 것입니다. 이 모습을 본 예수님의 제자들과 주변에 있던 사람들이 다 예수님을 버리고 도망을 쳤습니다.

베드로는 예수님의 제자가 아닌 척하며 몰래 예수님을 뒤따라 갑니다. 하지만 대제사장 공관 바깥쪽에서 주변에 모여 있던 사람들이 베드로를 보고 죄인으로 붙잡힌 예수의 제자라고 말합니다. 그러자 베드로는 사람들에게 세 번이나 예수님을 모른다고 말합니다.

그들에게 잡히신 예수님은 안나스 제사장 앞에서 재판을 받으십니다. 해가 뜬 다음에는 산헤드린 공의회에 넘겨지십니다. 산헤드린 공의회는 유대 최고의 법정이었습니다.

예수님은 산헤드린 공의회 재판석에서 말씀하십니다.

"이후에 내가 하나님의 오른쪽에 앉아 있는 것과 하늘 구름을 타고 오는 것을 너희가 보리라."

대제사장은 자기 옷을 찢으며 이 말은 신성모독이라고 주장합니다. 예수님을 죽이려고 하는 이 유대인들은 더 이상 재판할 것이 없었습니다. 유대인들에게는 사형을 시킬 권한이 없었기 때문입니다.

유대 지도자들은 예수님을 로마 총독 빌라도에게 고소하며 말합니다.

"이 사람이 우리 백성을 미혹시키고 황제에게 세금도 바치지 못하게 하였으며 자신이 왕이라고 주장합니다."

그러자 빌라도가 예수님께 묻습니다.

"당신이 유대인의 왕이오?"

예수님이 대답하십니다.

"네 말이 맞다."

예수님을 심문한 빌라도 총독은 유대인들에게 말합니다.

"내가 심문해 보니 이 사람은 죄가 없다."

그럼에도 유대인들은 예수님이 무리를 선동했으니 죽여야 한다고 소리칩니다. 결국 빌라도는 예수님을 십자가에 못 박으라고 명령합니다.

예수님은 가시가 박힌 관(가시 면류관)을 머리에 쓰시고, 십자가를 지시기 위해 골고다 언덕으로 끌려가십니다.

아침 9시경에 로마의 군병들은 십자가 위에 예수님의 손과 발을 못으로 박고 매달았습니다. 이 모습을 본 유대 지도자들과 군사들이 예수님을 비웃고 조롱하였습니다.

"네가 만일 유대인의 왕이라면 십자가에서 내려와 봐라."

낮 12시가 되자 햇빛이 갑자기 사라지고 어두워졌습니다. 이 어둠은 예수님이 십자가에 매달리신 상태에서 오후 3시까지 계속 되었습니다. 이때에 예수님께서 신 포도주를 받으신 후에 말씀하십니다.

"다 이루었다."

예수님은 아무런 죄가 없으시지만 십자가를 지고 피를 흘리심으로 온 인류를 구원시킬 수 있는 길을 마련하셨습니다. 예수님을 믿는 사람은 하나님 나라(천국)에 갈 수 있습니다.

예수님은 큰소리로 말씀하시며 숨을 거두셨습니다.

"아버지! 내 영혼을 아버지 손에 부탁하나이다."

예수님 바로 앞에 서 있던 로마의 백부장이 말했습니다.

"참으로 이분은 하나님의 아들이셨다."

예수님이 숨을 거두실 때 놀라운 일들이 연속으로 일어납니다. 성전의 거대한 휘장이 둘로 찢어지고, 바위가 터지고, 땅이 진동합니다. 이렇게 예수님은 죽으셨습니다.

저녁이 되자 아리마대 요셉이라는 사람이 빌라도 총독에게 가서 예수님의 시신을 달라고 하여 새 무덤에 모셨습니다. 갈릴리로부터 온 여인들은 예수님의 무덤을 잘 관리하고 지키기 위해서 위치를 확인하고 돌아갔습니다.

화	수	목(유월절)	금(십자가를 지심)	☞ **토(안식일)**	일(부활)

안식일을 맞이하여 여인들은 계명(안식일에 쉬어야 함)대로 쉬면서 예수님의 시신에 사용할 향료와 향유를 준비하였습니다. 로마의 경비병들은 예수님의 무덤을 단단히 지키고 있습니다.

화	수	목(유월절)	금(십자가를 지심)	토(안식일)	☞일(부활)

AD 30년 4월 17일, 안식일이 지난 아직 어두운 새벽에 막달라 마리아와 야고보의 어머니 마리아와 살로메가 예수님의 시신에 부으려고 향료를 가지고 무덤에 도착하였습니다. 그런데 무덤 안을 들여다보고 깜짝 놀랐습니다. 예수님의 시신은 없고 흰옷 입은 천사가 그 우편에 앉아 있었습니다. 여자들이 몹시 놀라 떨고 있는데 "어찌하여 살아 있는 분을 죽은 사람 가운데서 찾느냐?" 하며 예수님이 다시 살아나셨음을 알립니다. 여자들은 얼른 달려가 제자들에게 이 소식을 전합니다.

그리고 무덤 밖에 서서 울고 있는 막달라 마리아에게 예수님의 음성이 들립니다.

"마리아야! 너는 내 형제들에게 가서 나는 내 아버지, 곧 너희 하나님께 올라간다고 전하라."

그날 저녁, 제자들은 자기들을 죽이려 하는 유대인들을 두려워하여 문을 닫고 모여 있었습니다. 이때 부활(다시 살아남)하신 예수님이 오셔서 말씀하십니다.

"너희에게 평강(평안)이 있을지어다."

그 후에도 예수님은 부활하신 몸으로 디베랴 바다(갈릴리 호수라고도 함)에 나타나십니다. 예수님의 제자들은 밤을 새워 고기를 잡았지만 한 마리도 못 잡고 있었습니다. 예수님께서 말씀하십니다.

"배 오른편에 그물을 던지라."

제자들이 그 말씀에 순종하여 그물을 던지자 엄청난 양의 고기가 잡혔습니다.

잡은 고기로 제자들과 함께 식사를 마치신 예수님이 베드로에게 세 번이나 물으십니다.

"너는 나를 사랑하느냐?"

이에 베드로가 세 번 대답합니다.

"예, 주님을 사랑합니다."

그러자 예수님이 말씀하십니다.

"나를 따르라."

예수님은 부활하신 후에 40일 동안 이 땅에 계시면서 제자들에게 사명을 주셨습니다. 이외에도 예수님께서 하신 일들이 너무 많아 다 기록할 수 없을 정도입니다.

말씀 정리

예수님은 믿는 사람들을 구원하시기 위해 온 세상의 죄를 한 몸에 받으시고 십자가를 지고 죽으셨습니다. 그런데 그것이 끝이 아니었습니다. 3일 만에 다시 살아나셨습니다. 부활하신 것입니다. 부활하신 후에 40일 동안 이 땅에 계시면서 사도들에게 복음을 전하라는 사명을 주십니다.

AD 30년 4월 15일	AD 30년 4월 17일
십자가를 지심	부활하심

4. 베드로와 바울 행적 지도 – 다소, 수리아 안디옥(현재: 터키), 시돈(현재: 레바논), 다메섹(현재: 시리아), 가이사랴, 욥바, 룻다, 예루살렘 (현재: 이스라엘)

04

사도행전(베드로 편)

AD 30~46년

예수님은 부활하시고 이 땅에 40일 동안 계시면서 제자들에게 말씀하셨습니다.

“너희는 예루살렘을 떠나지 말고 성령(성령 하나님)을 기다리라.”

AD 30년 5월 28일 사도들이 감람산에 모여 있을 때에 부활하신 예수님이 나타나십니다(지도 참조). 예수님은 제자들에게 말씀하십니다.

“너희가 성령의 능력을 받아서 땅 끝까지 복음을 전해야 한다.”

그리고 예수님은 그들이 보는 앞에서 승천(하늘로 올라감)하십니다. 잠시 뒤 구름이 가려져서 예수님의 모습이 보이지 않았습니다.

이후로 약 120명이 성령님이 오시기를 기다리며 예루살렘 성 안의 한 다락방에 모여 기도합니다(지도 참조). 그 후 오순절(5월 말이나 6월 초)이 되었습니다. 오순절은 유월절이 끝나고 50일이 지난 날이며, 구약 때에 시내 산에서 율법 주신 것을 기념하는 날입니다.

120명의 성도가 모여 있을 때 성령이 임하셨습니다. 성도들은 각기 다른 외국어로 말했고, 사람들은 제자들이 술에 취했다고 수군거렸습니다. 이 사건 이후 오순절은 성령이 강림하신 것을 축하하는 절기가 되었습니다. 예수님 부활 후 50일째 되는 날로 성령 강림절이라고도 합니다.

이때 사도 베드로가 일어나서 설교를 합니다.

"이들은 술에 취한 것이 아니라 구약성경 요엘 선지자의 예언이 이루어진 것입니다."

> "마지막 날에 내가 내 영(성령)을 모든 사람에게 부어 주겠다"(요엘 2:28).

베드로는 계속 설명합니다.

"하나님께서는 예수님을 높은 곳에 올려 하나님 오른편에 앉히셨습니다. 예수님은 약속하신 성령님을 아버지께 받아서 우리에게 부어 주셨습니다. 결국 여러분이 십자가에 못 박은 예수님을 하나님께서는 우리의 주인이 되게 하셨습니다."

사람들은 베드로의 설교를 듣고 마음이 찔려 괴로워합니다.

"우리가 어찌할꼬?"

그날 예수님을 믿은 사람이 3천 명이나 됩니다. 그 후 사도(12제자)들을 통해 기적이 많이 나타납니다.

어느 날 오후 3시에 베드로와 요한이 성전으로 올라가다가 성전 문 앞에서 걷지 못하고 구걸하는 사람을 만납니다. 그 사람은 베드로와 요한을 쳐다보며 돈을 좀 달라고 사정합니다. 이때 베드로가 선포합니다.

"돈은 내게 없지만 내가 너에게 줄 것이 있다. 예수님의 이름으로 명하노니 일어나 걸으라."

그러자 놀라운 일이 생깁니다. 걷지 못했던 이 사람이 벌떡 일어나 너무나 기뻐하며 여기저기를 걷고 뛰기도 합니다. 이 소식을 들은 사람들이 모두 놀라서 '솔로몬 행각'이라 부르는 곳으로 몰려들었습니다.

이때 베드로가 설교합니다.

"나는 예수님이 십자가를 지시고 부활하신 능력으로 이 사람을 고쳤습니다."

그리고는 아브라함과 모세가 예언했던 예수님을 믿으라고 외칩니다. 베드로의 설교를 듣고 믿는 사람이 5천 명이나 되었습니다.

결국 유대 지도자들은 베드로와 요한이 백성들에게 부활하신 예수님을 가르치고 그들에게 설교하는 것 때문에 격분하여 감옥에 가두었습니다. 그러나 기적을 본 백성들이 하나님을 찬양하기 때문에 유대인 지도자들은 베드로와 요한을 어쩔 수 없이 풀어주었습니다.

예수님을 믿는 사람들이 점점 많아졌습니다. 베드로가 지나갈 때면 사람들은 병자들을 데리고 나왔습니다. 베드로는 병자들을 고치고 귀신 들린 사람들을 고쳐 주었습니다. 다른 사도들도 사람들의 병을 많이 고쳐 주었습니다.

그런 가운데 예루살렘 교회에 큰 핍박이 일어났습니다. 이 핍박은 예수를 믿지 않는 유대인들(특히 바리새인들)이 한 것입니다. 결국 핍박을 이기지 못하고 사도들만 남고 모든 성도들이 여러 곳으로 흩어졌습니다. 흩어진 성도들은 가는 곳곳마다 하나님의 말씀을 전했습니다.

사울(바울)이라는 청년은 예수님 믿는 사람들을 잡아서 감옥에 가두는 일을 했습니다. 사울이 다메섹(다마스쿠스) 근처에 갔을 때에 갑자기 하늘에서 밝은 빛이 사울을 비추었습니다(지도 참조). 사울은 너무 놀라 땅에 엎드렸습니다.

하늘에서 음성이 들렸습니다.

"사울아, 사울아, 너는 왜 나를 핍박하느냐?"

사울이 물었습니다.

"누구십니까?"

"나는 네가 핍박하는 예수라."

이렇게 예수님을 만난 사울은 AD 32년에 기독교인이 되었지만 예수님을 믿는 유대인들은 아직까지 사울을 믿지 못했습니다. 하지만 바나바는 사울을 사도들에게 데려가서 이제는 사울이 기독교인이 되었다고 소개합니다. 바나바는 구브로 섬 출신이며 교회

안에서 영향력이 큰 사람이었습니다(지도 참조).

사울은 제자들과 같이 지내면서 예수님을 믿지 않는 헬라파 유대인들과 논쟁을 벌였습니다. 하지만 사울이 헬라파 유대인들에게 굴복하지 않았기에 그들은 사울을 죽이려고 했습니다. 사울은 어쩔 수 없이 자기의 고향인 다소로 갑니다(지도 참조).

베드로는 또다시 복음을 전하러 여러 지방을 다니다가 룻다에 도착합니다(지도 참조). 룻다에는 8년 동안 중풍병에 걸려 일어나지도 못하는 애니아란 사람이 있었습니다. 베드로가 애니아에게 말합니다.

"예수님이 고쳐 주실 겁니다. 일어나시오."

애니아가 그 자리에서 일어났습니다. 그를 보고 그 근방의 룻다 사람들이 예수님을 믿었습니다.

욥바에 다비다라는 여제자가 병이 들어 죽어 있었습니다(지도 참조). 베드로는 시신을 보고 말했습니다.

"다비다여, 일어나시오."

다비다가 살아났습니다. 이를 본 욥바의 많은 사람들이 예수님을 믿었습니다.

가이사랴에 고넬료라는 존경받는 이방인이 있었습니다(지도 참조). 하나님은 욥바에 있던 베드로에게 고넬료의 집으로 가라고 하셨습니다. 베드로는 고넬료의 집에 도착하여 '예수님이 부활하셨다'고 설교를 합니다.

이때 놀라운 일이 벌어집니다. 고넬료의 가족들(이방사람들)이 성령을 받고 방언을 말하고 하나님을 찬미합니다. 베드로는 깜짝 놀랐지만 곧 정신을 차리고 그 이방인들에게 세례를 베풉니다.

이 소식이 예루살렘에 전해졌습니다. 베드로가 예루살렘으로 올라가는데, 바리새인과 제사장 중에서 예수님을 믿는 사람들이 베드로를 비난합니다.

"왜 이방인들에게 세례를 베풀었습니까?"

베드로는 그간 일어난 일을 설명하고 난 뒤에 대답합니다.

"내가 누구이기에 하나님께서 하시는 일을 감히 막을 수가 있겠습니까?"

그러자 그들은 고개를 끄덕이며 이방인도 구원해 주시는 하나님을 찬양하였습니다.

수리아 안디옥에 교회가 생겼다는 소식을 들은 예루살렘 교회는 바나바를 안디옥 교회로 보냅니다(지도 참조). 안디옥 교회에 간 바나바는 성도들이 많이 늘어나자 다소에 가서 사울(바울)을 교회로 데려옵니다. 바나바와 사울은 합심하여 1년 동안 성도들을 가르쳤습니다. 이때 처음으로 성도들을 '그리스도인'이라고 불렀습니다.

글라우디오 황제(AD 41-54년) 때 흉년이 들었습니다. 예루살렘 교회에 먹을 것이 없었습니다. 이 소식을 들은 수리아 안디옥 교회는 헌금을 모아서 예루살렘 교회에 보냅니다(AD 46년).

이 무렵에 대헤롯 왕(아기 예수를 죽이려 했던 왕)의 손자인 헤롯 아그립바 왕이 교회를 핍박하기 시작하였습니다. 헤롯 아그립바 왕은 베드로를 잡아 감옥에 가둡니다. 하지만 하나님은 천사를 보내 베드로를 감옥에서 꺼내 주십니다.

천사의 도움으로 감옥을 빠져나온 베드로는 여러 사람이 모여 기도하고 있는 마가의 집으로 가서 “이 사실을 야고보(예수님의 동생이며 예루살렘 교회 지도자)와 다른 성도들에게 전하라”라고 말한 뒤 다른 곳으로 떠났습니다.

다음 날 아침, 감옥 안에 쇠사슬로 묶여 있던 베드로가 없어진 것을 알고 대소동이 일어납니다. 헤롯 아그립바 왕은 감옥 안을 샅샅이 수색하라고 명령하지만 베드로를 찾지 못했습니다. 결국 감옥을 지켰던 경비병들을 처형합니다. 하나님의 말씀은 더 널리 퍼져 나갔습니다.

말씀 정리

예수님이 승천(하늘로 올라가심)하시는 모습을 본 사도들은 성령님을 기다렸습니다.

성령께서 오시자 성령님의 도움으로 사도들이 힘을 얻어 온 유대와 사마리아까지 복음을 전했습니다(지도 참조).

하지만 복음이 유대 땅에만 머물러서는 안 됩니다. 널리 이방 땅에도 전해져야 합니다. 예수님은 그 일을 바울에게 맡기셨습니다.

05

사도행전(바울 편)과 편지들

AD 46~60년

바나바와 사울(사도 바울)은 예루살렘 교회에 헌금을 전달하고 난 후에 마가를 데리고 수리아 안디옥 교회로 돌아옵니다. 이후 이방인을 전도하려는 계획을 세웁니다.

그동안 교회는 예루살렘에서 시작되어 사마리아로 퍼져 나갔습니다. 그런데 이제는 사도행전의 초점이 사도 바울의 이방인 선교(전도)로 바뀝니다.

수리아 안디옥 교회의 지도자들은 금식하며 기도하고 바나바와 사울에게 선교를 보냅니다. 이때부터 사울(바울)의 선교여행이 시작됩니다.

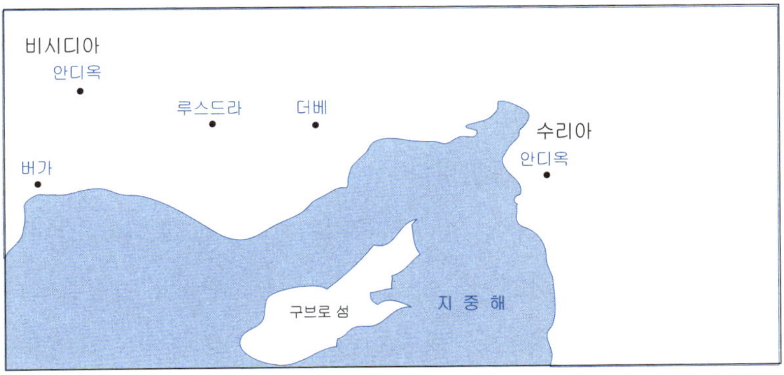

사도 바울의 1차 선교 – 현재 전 지역이 터키임.

1. 바울의 1차 선교여행(AD 47~48년)

바나바와 사울은 AD 47년에 수리아 안디옥 교회에서 출발하여 마가와 함께 배를 타고 구브로 섬으로 건너갑니다. 그들은 유대 사람의 여러 회당에서 하나님의 말씀을 전합니다. 사울은 구브로 섬의 총독인 '서기오 바울'에게 복음을 전합니다. 총독은 예수님을 믿게 되었습니다. 이때부터 사울의 이름은 히브리식 이름의 '사울'에서 로마식 이름인 '바울'로 바뀌게 됩니다.

바울 일행은 구브로 섬에서 버가로 건너가는데, 마가는 도중에 선교를 포기하고 예루살렘으로 돌아가 버립니다. 바울과 바나바는 버가에서 비시디아 안디옥으로 갑니다.

비시디아 안디옥에서 바울은 안식일에 회당에 들어가 설교를 합니다. 바울의 설교를 들은 사람들은 예수님을 믿게 됩니다. 이 장면을 본 예수님을 믿지 않는 유대인(유대교인)들이 바울과 바나바를 비방합니다. 이때부터 예수님을 믿지 않는 유대인들은 바울을 계속 쫓아다니며 괴롭힙니다.

바울과 바나바는 비시디아 안디옥을 떠나 루스드라로 갑니다. 루스드라에는 태어나면서부터 걷지 못하는 사람이 있었습니다. 바울이 복음을 전하자 그는 잘 들었습니다.

바울이 그에게 큰 소리로 말했습니다.

"벌떡 일어나 보시오."

그가 일어나 걷기 시작했습니다. 이를 보고 사람들은 예수님을 믿었습니다.

이튿날 바울과 바나바는 루스드라를 떠나서 더베로 갔다가 수리아 안디옥 교회로 돌아옵니다.

바울과 바나바는 선교했던 일을 수리아 안디옥 교회에 보고함으로 1차 선교여행을 마치게 됩니다. 두 사람은 수리아 안디옥 교회에서 오랫동안 지내며 하나님의 말씀을 가르쳤습니다.

사도 바울의 2차 선교 – 빌립보, 데살로니가, 고린도(현재: 그리스), 소아시아, 수리아 안디옥(현재: 터키)

2. 바울의 2차 선교여행(AD 50~52년)

얼마 뒤(AD 50년)에 바울은 바나바 대신 실라를 데리고 2차로 선교여행을 떠납니다. 수리아 안디옥 교회에서 출발한 바울과 실라는 루스드라에 도착합니다(지도 참조). 바울은 루스드라에서 디모데라는 젊은 성도를 만나 제자로 삼았습니다.

바울 일행은 마케도니아의 빌립보로 갔습니다(지도 참조). 바울은 빌립보에서 점을 치는 귀신 들린 여종 하나를 고쳐 주었습니다. 그 여종에게서 귀신이 나가자 점을 칠 수가 없었습니다. 그러자 그 여종이 점을 쳐서 큰돈을 벌었던 종의 주인들이 바울 일행을 모함합니다. 로마 관리는 바울과 실라를 호되게 때린 후에 빌립보 감옥에 가둡니다.

억울하게 감옥에 갇힌 바울과 실라는 한밤중인데도 감옥 안에서 하나님을 찬양합니다. 이때 갑자기 큰 지진이 일어났습니다. 감옥 문이 모두 열리고 죄수들의 쇠사슬도 저절로 풀렸습니다. 이를 본 간수는 죄수들이 모두 도망간 줄로 생각했습니다. 간수가 자결하려고 하자 바울이 아무도 도망가지 않았다고 소리칩니다.

바울과 실라의 행동을 본 간수는 감동을 받습니다. 바울이 복음을 전하자 간수의 가족 모두 예수님을 믿었습니다.

다음 날 아침, 바울에게 아무런 죄가 없다는 것을 알게 된 로마 관리들이 부하들을 보내 바울 일행을 풀어주라고 합니다. 감옥에서 풀려난 바울 일행은 데살로니가로 갑니다(지도 참조). 데살로니가 회당에서 3주에 걸쳐서 복음을 전하자 많은 유대인과 이방인들이 예수님을 믿게 됩니다. 이곳에서도 데살로니가 교회가 세워집니다.

그러나 예수님을 주(하나님)님이라고 한다는 이유로 일부 유대인(유대교인)들이 소동을 일으킵니다. 결국 데살로니가에서 바울은 예수님을 믿는 형제들의 도움으로 고린도로 혼자 떠나고, 실라와 디모데는 데살로니가에 남겨 둡니다(지도 참조).

고린도에 도착한 바울은 복음을 전하다가 '아굴라'와 '브리스길라'라는 그리스도(기독교)인 부부를 만납니다(AD 51년). 이들은 로마에서 살다가 고린도에 와서 천막 만드는 일을 하고 있었습니다. 바울은 그들과 같이 천막 만드는 일을 하고, 같이 전도도 하면서 고린도 교회를 개척했습니다.

그즈음에 데살로니가에 남아 있던 실라와 디모데가 고린도로 바울을 찾아왔습니다. 그들은 데살로니가 교회가 든든히 서가고 있다는 좋은 소식을 전해 주었습니다. 이에 바울은 데살로니가 교회에 편지를 씁니다.

데살로니가전서

AD 51~52년경 바울이 고린도에서 쓴 편지

바울은 디모데와 실라와 같이 데살로니가 교회에 편지를 씁니다. 여러분이 믿음으로 일한 수고에 감사합니다.

하나님께서는 예수님을 믿다가 죽은 성도들도 예수님과 함께 다시 살리실 것입니다. 그러므로 예수님의 재림(다시 오심)을 기다려야 합니다. 예수님이 언제 오실지 아무도 모르니 항상 정신을 차리고 있어야 합니다.

예수님의 은혜가 여러분과 함께하기를 기도합니다.

데살로니가 교회의 어떤 성도들은 자기들이 예수님의 재림을 놓쳤다고 생각하고 있었습니다. 재림이란 이 시대의 종말(마지막)에 예수님께서 이 땅에 다시 오시는 것을 말합니다. 이 소식을 듣고 바울은 또다시 펜을 들었습니다.

데살로니가후서

AD 51~52년경 바울이 고린도 교회에서 쓴 편지

바울은 디모데와 실라와 같이 이 편지를 씁니다. 내가 전에 편지를 쓴 후에 어떤 사람들이 와서 예수님께서 재림하셨다고 주장했다는 이야기를 들었습니다. 이것은 사실이 아닙니다.

마지막 때(재림)에는 사람들이 하나님을 떠나고, 적그리스도(자기가 하나님이라고 하는 사람들)가 나타날 것입니다. 하지만 아직은 그때가 아닙니다.

예수님이 재림하실 때 여러분에게 안식을 주실 것입니다. 예수님의 은혜가 여러분 모두에게 함께하기를 기도합니다.

데살로니가후서를 써서 보내고 난 후에 바울은 자신이 개척한 고린도 교회에서 1년 6개월 동안 말씀을 가르칩니다. 그 후 바울은 아굴라 부부와 함께 배를 타고 에베소로 갑니다(지도 참조). 바울은 이 에베소에 아굴라 부부를 남겨 놓고 그들에게 교회 개척을 준비시켜 놓습니다.

바울은 에베소를 떠나 수리아 안디옥 교회로 돌아옵니다. 안디옥 교회에서 선교보고를 마친 바울은 이곳에서 한동안 머무릅니다.

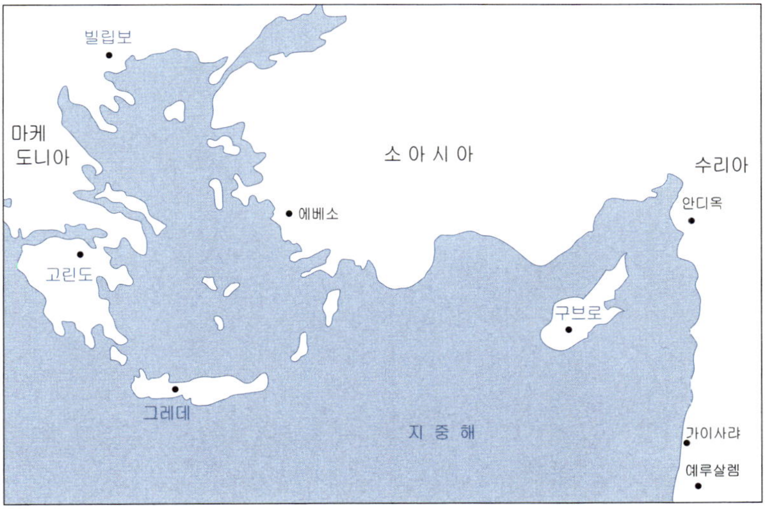

사도 바울의 3차 선교 – 빌립보, 고린도, 그레데 섬(현재: 그리스)
구브로(현재: 사이프러스)

3. 바울의 3차 선교여행(AD 53~58년)

이제 바울은 AD 53년에 세 번째 선교여행을 떠납니다. 바울은 먼저 에베소에 도착하여 그곳에서 3년 동안 목회를 합니다(지도 참조).

이 기간 동안에 하나님은 바울을 통해 많은 기적을 베푸셨습니다. 바울이 가지고 있던 손수건이나 앞치마를 병든 사람에게 얹기만 해도 병이 낫고 귀신이 쫓겨 나갔습니다.

그 무렵에 고린도 교회에서 지도자 3명이 에베소에서 목회하고 있는 바울을 찾아왔습니다(지도 참조). 고린도 교회에서 신앙생활을 하는데 궁금한 내용들을 모아서 바울에게 가지고 온 것입니다. 바울은 그에 대한 답장으로 편지를 썼습니다.

고린도전서

AD 55년 바울이 에베소에서 쓴 편지

하나님의 뜻을 따라 예수님의 사도가 된 바울은 여러분에게 하나님으로부터 평강이 있기를 원합니다.

지금 여러분은 바울파, 아볼로파, 베드로파, 예수님파로 나뉘어 있다고 들었습니다. 여러분! 오직 십자가만 하나님의 능력입니다. 예수님이 주인이신 교회를 분열시키는 사람은 하나님의 심판을 받을 것입니다.

여러분! 예수님이 부활하셨듯이 죽은 자들도 다시 부활합니다. 부활한 성도의 몸은 초자연적인 몸으로 바뀝니다. 초자연적인 몸이란 전혀 새로운 몸으로서 영원불변하면서 늙지도 않고 아프지도 않는 몸입니다.

나의 사랑이 예수님 안에서 여러분에게 있기를 바랍니다.

바울은 이 편지를 고린도에서 온 3명의 지도자들을 통해서 고린도 교회로 보냅니다. 그 후에 바울은 고린도 교회의 소식이 궁금해졌습니다. 그리하여 디도를 고린도 교회로 보냈습니다.

한편 지금 에베소에서는 바울이 전한 복음 때문에 아주 큰 소동이 일어났습니다. 당시 에베소 사람들은 아데미 여신을 섬기고 있었으므로 아데미 여신의 신전 모형을 만들어 돈을 많이 버는 사람들이 있었습니다. 그런데 바울이 예수님을 전하자 에베소 사람들이 신전 모형을 사지 않았습니다. 먹고 살기가 어려워진 신전 모형을 만드는 사람들이 군중들을 선동하여 소동을 일으킨 것입니다.

그러나 곧 바울이 죄가 없음을 알게 되고, 소동이 그치자 바울은 마케도니아로 건너갑니다(지도 참조). 마케도니아의 빌립보에서 바울을 기다리던 디도를 만나게 됩니다(지도 참조).

디도는 바울에게 아주 기쁜 소식을 전합니다. 고린도 교회가 회개를 하고 바울을 기다린다는 것입니다(AD 57년). 이 소식을 듣고 바울은 편지를 씁니다.

고린도후서

AD 55-56년 바울이 마케도니아에서 쓴 편지

나 바울은 디모데와 같이 고린도 교회에 이 편지를 씁니다. 여러분이 나의 편지를 받고 회개했다고 해서 적잖은 위로를 받았습니다.

여러분! 이제 예수님을 믿는 사람은 모든 것을 가진 새로운 존재가 되었습니다. 그러므로 자신이 믿음 안에 있는지 스스로 점검해 보고, 자신을 시험하여 보십시오. 예수님이 여러분 안에 계시다는 것을 알아야 합니다.

예수님의 은혜와 하나님의 사랑과 성령의 친교가 여러분에게 있기를 바랍니다.

바울은 이 편지를 디도 편에 다시 고린도 교회로 보냅니다. 디도를 보낸 바울은 마케도니아 지방의 여러 교회들을 돌보며 다닙니다.

이즈음에 바울은 갈라디아 교회의 교인들이 율법과 복음 사이에서 혼란스러워한다는 소식을 듣습니다(지도 참조). 갈라디아 지역 사람들은 대부분 다른 신들을 믿고 있었지만 바울이 복음을 전하자 이들은 예수님을 믿었습니다. 그런데 바울이 떠난 후에 어떤 거짓 선생들(유대인들)이 와서 율법을 지켜야만 구원을 얻는다고 선동을 합니다. 그러자 큰 혼란이 생깁니다. 이때 바울이 갈라디아 지역의 여러 교회에 편지를 썼습니다.

갈라디아서

AD 56년 마케도니아에서 바울이 쓴 편지

하나님께서 사도로 세우신 바울이 갈라디아에 있는 여러 교회에 편지를 씁니다. 여러분, 율법을 잘 지켜서 구원을 받을 수 있다면 예수님의 죽음은 헛된 것이 되어 버립니다. 우리는 복음을 듣고 믿음으로 구원을 받습니다.

그리스도인들에게 복음(좋은 소식)은 예수님이 십자가에 죽으셨기 때문에 우리가 죄의 저주에서 풀려났고, 율법에서 자유하게 된 것입니다.

예수님의 은혜가 여러분의 심령(마음속 영혼)에 있기를 빕니다. 아멘.

그 후 바울은 고린도 교회에 도착하여 디도와 고린도 교회 성도들을 반갑게 만납니다. 바울은 고린도 교회에서 석 달을 보내면서 로마 교회에 편지를 씁니다.

이 당시 로마 교회는 널리 알려진 교회로서 많은 성도들의 존경을 받고 있는 교회였습니다. 로마 제국의 수도에 세워졌던 로마 교회는 교회들에 큰 영향력을 끼칠 잠재력이 있었으므로 바울은 이들에게 올바른 복음을 전할 필요를 느꼈습니다.

로마서

AD 57년 바울이 고린도 교회에서 쓴 편지

나 바울은 예수님의 종으로서 하나님의 복음을 위해 특별히 사도로 선택되었습니다. 여러분도 부르심을 입어 예수님의 사람이 되었습니다.

여러분! 우리는 죄인입니다. 그러므로 하나님의 의를 이룰 수 없었습니다. '의'란 죄와 관계없는 상태를 말하기 때문입니다. 그러나 죄 없으신 예수님께서 십자가에 우리 대신 죽어 주심으로 예수님을 믿는 사람들에게 생명을 선물로 주셨습니다. 그러므로 이제 우리는 '죄'에 대해서는 죽었으나 '의'에 대해서는 살았습니다.

나는 서바나(스페인)로 가서 복음을 전하려고 합니다. 가는 도중에 로마를 거쳐 갈 것입니다. 그때 나에게 서바나(스페인) 선교를 할 수 있도록 후원해 주십시오.

하나님께 영광이 영원히 있기를 바랍니다. 아멘.

이렇게 바울은 고린도 교회에서 로마서를 쓰면서 겨울을 보냅니다. 겨울이 지나자 바울은 예루살렘 교회를 향해서 출발합니다(지도 참조). 바울 일행은 AD 58년 오순절에 맞춰서 예루살렘에 도착합니다. 이렇게 해서 3차 전도여행을 마칩니다.

예루살렘에서는 아시아에서 온 어떤 유대인들이 바울이 사람들에게 잘못된 율법을 가르쳤다고 모함합니다. 여기에 동조한 사람들이 바울을 죽이려고 합니다.

이 소식을 들은 로마 군대의 천부장이 급히 군사들을 데리고 와서 바울을 체포합니다. 군사들이 바울을 때리려고 하자 바울은 항변합니다.

"죄도 밝혀지지 않은 상태에서 태어날 때부터 로마 시민인 나를 때리는 것이 로마 법에 맞는 일입니까?"

당시에 로마 제국의 시민은 함부로 대할 수가 없었습니다. 특히 로마 법에 의하면 로마 시민은 재판을 받기 전에는 결박할 수도 없고 매질을 할 수도 없었습니다.

바울이 로마 시민이라는 소리를 들은 천부장은 바울에게 잘 대해 주었습니다.

그 후 천부장은 바울을 가이사랴의 총독 벨릭스에게 보냅니다(지도 참조). 벨릭스 총독은 바울을 가이사랴의 감옥에 2년 동안 가둡니다. 2년 후 다시 재판을 받게 된 바울은 가이사(로마 황제)에게 상소를 합니다. 당시 로마법에 의하면 로마 시민은 누구나 황제 앞에서 재판을 받을 권리가 있었습니다. 그리하여 바울은 죄수의 신분으로 재판을 받으러 로마로 가게 됩니다.

바울은 로마의 시민권을 가지고 있었으며 예루살렘에서 랍비(유대인 종교 지도자) 교육을 받았습니다. 가말리엘이라는 당시 최고 지도자의 제자이기도 하였습니다.

말씀 정리

바울은 1, 2, 3차 전도여행을 무사히 마쳤습니다. 하지만 바울은 일부 유대인들의 모함으로 가이사랴 감옥에 2년 동안 갇히게 됩니다. 2년 후에 다시 재판을 받자 바울은 로마의 황제에게 상소를 합니다. 결국 바울은 로마법에 따라 로마에서 재판을 받기 위해 죄인의 신분으로 로마를 향해 출발합니다.

06

사도행전(바울의 로마행)과 편지들

AD 61~63년

바울은 재판을 받기 위해 가이사랴에서 로마로 출발합니다(지도 참조). 배를 타고 가서 AD 61년에 로마에 도착합니다. 이 소식을 들은 로마의 성도들이 멀리서도 마중을 나옵니다. 바울은 그들을 보자 용기가 났고, 하나님께 감사했습니다.

로마에 들어가니 바울에게 군사 한 사람을 붙여주며 감옥(셋집)에서 따로 지내라고 합니다. 바울은 그 집에 갇혀서 죄인의 몸으로 2년을 지냅니다.

한편 이즈음에 예수님의 동생 야고보가 예루살렘에서 소아시아에 흩어져 살고 있는 유대인 성도들에게 편지를 씁니다(지도 참조).

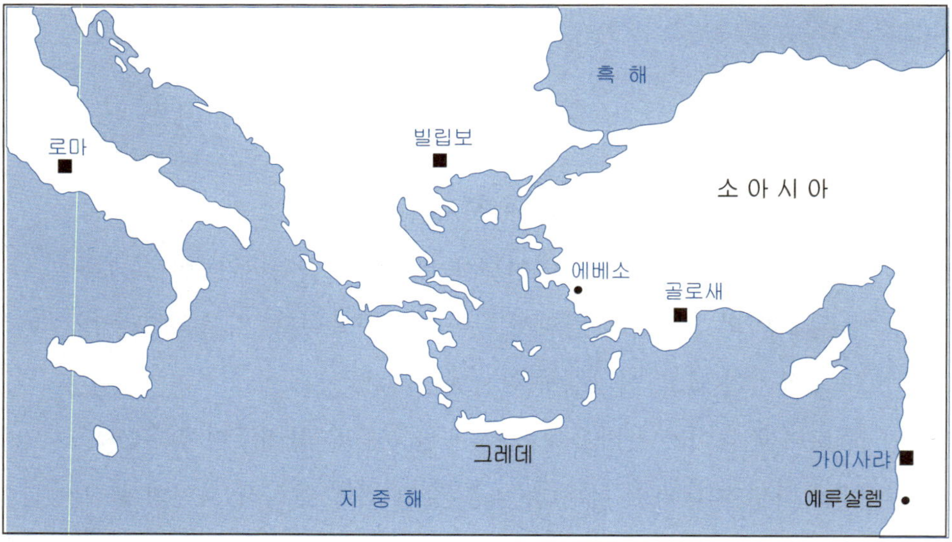

바울의 로마행 – 로마(현재: 이탈리아의 수도)

야고보서

AD 62년, 야고보(예수님의 동생)가 예루살렘에서 쓴 편지

하나님과 예수님의 종인 야고보가 성도들에게 편지를 씁니다.

여러분에게 주신 하나님의 말씀을 온유한 마음으로 받아들이세요. 그 말씀에는 여러분의 영혼을 구원할 능력이 있습니다.

형제 여러분! 누가 믿음이 있다고 하면서 다른 사람을 돕지 않는다면 무슨 소용이 있겠습니까? 믿음만으로 의롭게 되는 것은 아닙니다. 참된 믿음에는 참된 행위가 따라옵니다.

그 후 2년 동안 바울은 로마에서 자기가 갇혀 사는 셋집에 찾아오는 사람들에게 하나님의 나라를 전하고 예수님에 대해 가르쳤습니다.

사도 바울은 지금 있는 로마의 셋집(감옥)에서 4권(빌레몬서, 골로새서, 에베소서, 빌립보서)의 편지를 쓰게 됩니다.

바울이 로마 감옥에서 오네시모란 사람에게 복음을 전했습니다. 오네시모는 예수님을 믿었고, 바울을 잘 따랐습니다. 오네시모는 지금 바울을 돌보고 있습니다. 그런데 오네시모가 바울에게 고백을 합니다.

"저는 빌레몬이란 사람의 노예였는데 이곳으로 도망을 왔습니다."

바울은 골로새 교회의 지도자인 빌레몬에게 오네시모를 종에서 풀어달라고 편지를 씁니다(지도 참조).

빌레몬서

AD 62~63년경 바울이 로마 감옥에서 빌레몬에게 쓴 편지

예수님의 복음을 전하다가 감옥에 갇힌 나 바울은 이 편지를 씁니다.

형제(빌레몬)여, 이 감옥에서 내가 전도한 오네시모 때문에 간청합니다. 당신의 노예인 오네시모가 도망간 것은 잘못이나 그를 노예에서 풀어주십시오. 오네시모는 예수님 안에서 사랑받는 형제가 되었습니다.

예수님의 은혜가 골로새 교회 성도 여러분과 함께하기를 기도합니다.

때마침 골로새 교회를 개척한 에바브라가 바울이 있는 로마에 왔습니다(지도 참조). 에바브라는 바울에게 골로새 교회에 거짓 선생들이 들어와서 교회를 혼란스럽게 한다고 이야기합니다. 바울

은 골로새 교회에도 편지를 씁니다.

골로새서

AD 62~63년경 바울이 로마 감옥에서 쓴 편지

바울은 골로새 교회에 이 편지를 씁니다. 예수님은 여러분을 마귀의 권세에서 건져내어 예수님의 나라로 옮기셨습니다. 예수님 안에서 우리가 죄를 용서받고 구원을 받았습니다. 그 예수님은 교회의 주인이 되십니다.

하나님은 예수님 때문에 우리를 받아주셨습니다. 그러므로 이제 여러분은 하나님 앞에 의로운 사람들입니다. 거짓 선생들을 멀리하십시오. 이제는 악한 생각과 행동을 버리고 지나친 욕심도 버리십시오.

하나님의 은혜가 여러분과 함께하기를 기도드립니다.

에베소 교회는 바울이 개척하고 3년 동안 목회를 했습니다(지도 참조). 늘 에베소 교회를 생각하고 있던 바울은 에베소 교회에 편지를 썼습니다.

에베소서

AD 62~63년경 바울이 로마 감옥에서 에베소 교회에 쓴 편지

나 바울은 성도들과 신실한 사람들에게 편지를 씁니다. 우리는 믿음을 통하여 은혜(하나님의 사랑)로 구원을 얻었습니다. 구원은 하나님이 주신 선물입니다. 행위가 아니므로 구원받은 것을 자랑할 수 없습니다. 우리는 예수님 안에서 선한 일을 하게 하시려고 지으심을 받은 자입니다.

여러분, 마귀에게 틈을 주지 마십시오. 가난한 사람들에게 나누어 주고, 나쁜 말은 하지 마십시오. 하나님의 말씀으로 자신을 무장하십시오. 예수님을 사랑하는 여러분에게 은혜가 있기를 빕니다.

로마 감옥에 있는 바울은 두기고와 오네시모를 통해 빌레몬서, 골로새서, 에베소서, 이 세 통의 편지를 보냅니다. 에베소서는 에베소 교회에 보내고, 빌레몬서와 골로새서는 골로새 교회에 보냅니다. 에베소 교회와 골로새 교회는 가까운 곳에 있었습니다(지도 참조).

빌립보 교회는 로마에 있는 바울에게 선교헌금을 보냅니다(지도 참조). 디도가 선교헌금을 가지고 로마에 와서 바울을 만납니다.

그런데 얼마 후에 디도가 죽을병에 걸렸습니다. 바울도 디도가 죽을 것으로 생각했습니다. 하지만 하나님께서 기적을 베푸셔서 디도를 살려 주셨습니다. 바울은 빌립보 교회에 편지를 써서 디도에게 보냅니다.

빌립보서

AD 62~63년경 바울이 로마 감옥에서 빌립보 교회에 쓴 편지

바울이 빌립보 교회에 이 편지를 씁니다. 내가 복음을 전하다가 감옥에 갇혔지만 오히려 전도하는 데 도움이 되어 너무나 기쁩니다.

여러분, 서로서로 남을 귀하게 여기고 다른 사람의 일을 도와주십시오. 이는 예수님의 마음입니다. 생명의 말씀(성경)을 굳게 잡으십시오. 그리하면 마지막 날에 자랑할 것이 많을 것입니다.

여러분은 아무것도 염려하지 말고 오직 감사하는 마음으로 기도하십시오. 그러면 하나님의 평화가 여러분의 마음과 생각을 지켜 주실 것입니다.

나는 여러분이 보낸 것을 에바브로디도에게서 받았으므로 풍족합니다. 그것은 하나님을 기쁘게 하는 제물입니다.

예수님의 은혜가 항상 여러분의 마음에 있기를 빕니다.

이곳 로마에서 사도행전이 끝납니다. 하지만 사도들은 계속해서 복음을 전하고 있습니다.

말씀 정리

바울은 로마에 도착하여 2년 동안 열심히 복음을 전하는 한편 4권의 편지를 써서 각 교회에 보냈습니다.

누가는 사도행전을 여기까지 기록했지만 사도들은 계속해서 전도를 합니다. 바울도 로마 감옥에서 풀려나 4차 전도여행을 떠납니다.

07
사도행전 이후의 편지들(서신서)

AD 63~80년

사도 바울은 로마의 감옥에 2년을 갇혀 있다가 풀려나서 또다시 전도여행을 떠납니다(4차 선교여행). 바울은 마케도니아로 떠나면서 에베소 교회는 디모데가 목회를 하게 하고, 그레데 섬은 디도가 목회를 하도록 합니다('바울의 로마행 지도' 참조).

그 후 바울은 마케도니아에서 에베소 교회를 목회하고 있는 디모데에게 목회를 가르치고자 편지를 씁니다.

디모데전서

AD 63~66년경, 바울이 디모데에게 보낸 편지

나 바울이 디모데에게 이 편지를 씁니다. 디모데여! 선한 싸움을 싸우고 믿음과 선한 양심을 가지십시오.

마지막 때에 어떤 사람들은 믿음에서 떠나 악마의 교훈을 따를 것입니다. 그러나 세상의 모든 것은 결국 하나님의 말씀과 기도로 거룩해집니다.

그러므로 성경을 읽는 일과 가르치는 일에 최선을 다하십시오.

바울은 마케도니아에서 디도에게 목회에 관한 편지를 보냅니다. 그레데 섬의 그레데 교회에서 목회를 하고 있는 디도는 바울에게 순종을 잘했고, 훈련도 잘 받았습니다. 그런데 지금 그레데 교회는 상당히 혼란스럽고 거짓 선생들이 많이 활동하는 상태였습니다.

디도서

AD 63~66년경, 바울이 디도에게 보낸 편지

하나님의 종이요, 예수님의 사도인 나 바울은 디도에게 이 편지를 씁니다.

내가 그대를 그레데 섬에 남겨 둔 것은 남은 일들을 잘 정리하고 장로들을 세우게 하려는 것입니다. 장로는 방탕하거나 술을 마시면 안 되고, 부정한 이득을 봐서도 안 됩니다. 그대는 성도들에게 이것을 말하고 권위로 책망해야 합니다.

그대는 니고볼리로 나를 찾아오십시오. 은혜가 여러분 모두에게 있기를 빕니다.

한편 사도 베드로는 로마에 가서 복음을 전하고 있었습니다. 로마 황제 네로의 박해를 받고 있는 소아시아의 성도들을 위로하고자 로마에서 편지를 썼습니다.

베드로전서

AD 64년경 베드로가 소아시아의 성도들에게 보낸 편지

예수님의 사도인 베드로가 성도들에게 이 편지를 씁니다.

하나님은 예수님의 부활하심을 통해서 우리를 새롭게 태어나도록 하셨습니다. 이 복은 여러분을 위하여 하늘에 간직되어 있습니다.

여러분은 하나님께서 선택하신 사람이며 왕 같은 제사장입니다. 또 하나님 나라의 백성입니다. 그러므로 억울하게 고난을 당하더라고 하나님을 생각하면서 참으면 아름다운 일입니다. 이것을 위하여 여러분은 부르심을 받았습니다.

예수님 안에 있는 여러분에게 평안이 함께하기를 빕니다.

당시에 그리스도인들은 로마로부터 엄청난 핍박과 고난을 당하였습니다. 예수님을 믿는다는 이유로 사람들의 조롱거리가 되기도 하였고, 감옥에 갇히기도 하였습니다. 히브리서는 누가 썼는지는 알 수 없지만 이 그리스도인들에게 위로와 권면과 경고를 하고 있습니다.

히브리서

AD 65-66년경

예수님은 자신을 단번에 희생제물로 드림으로써 하나님을 믿는 모든 사람들을 구원하여 주셨습니다.

사람들은 누구나 한 번은 죽습니다. 그리고 죽은 후에는 하나님의 심판이 우리를 기다리고 있습니다.

믿음은 바라는 것의 실상이요 보이지 않는 것들의 증거가 됩니다. 그러므로 굳건한 믿음을 가져야 합니다. 믿음이 없이는 하나님을 기쁘게 할 수 없습니다.

또한 현재를 사랑하고 결혼을 귀하게 여기고 돈을 사랑하지 말고 있는 것을 만족하게 여겨야 합니다.

하나님의 사랑이 여러분에게 늘 함께하기를 기도합니다.

베드로전서가 교회 외부에서 일어난 핍박 때문에 쓰게 되었다면, 베드로후서는 교회 안에서 일어난 일 때문에 쓰게 되었습니다. 교회 안에 거짓 선생들이 들어와 성도들을 혼란스럽게 하였습니다. 베드로 사도가 로마에서 펜을 들었습니다.

베드로후서

AD 66~67년경, 베드로가 소아시아 성도들에게 보낸 편지

베드로가 믿음을 받은 여러분에게 이 편지를 씁니다.

하나님은 우리가 하나님을 섬기며 살아갈 수 있도록 필요한 것은 다 주셨습니다. 그러나 이것은 우리가 하나님을 알 때에 받는 것입니다. 하나님을 알아야 이단의 꾀에 넘어가지 않습니다.

하나님은 아무도 멸망치 않고 다 회개하기를 원하십니다. 그러나 그때가 지나면 예수님은 갑자기 오실 것입니다. 여러분이 예수님의 사랑 가운데 그를 아는 지식에서 자라가기를 빕니다.

사도 바울은 4차 전도여행을 마치고 다시 로마 감옥에 두 번째로 갇힙니다. 이때 감옥은 습기가 많은 깊은 지하 감옥으로 매우 추웠습니다. 바울은 이 감옥에서 죽습니다.

바울은 죽기(순교) 전에 감옥에서 마지막으로 디모데에게 목회에 도움이 될 편지를 씁니다.

디모데후서

AD 67년경 바울이 지하 감옥에서 디모데에게 보낸 편지

하나님의 뜻으로 예수의 사도가 된 나 바울이 디모데에게 이 편지를 씁니다.

하나님께서 우리를 구원해 주시고, 거룩하게 불러 주셨습니다. 이것은 우리의 행실 때문이 아니라, 하나님의 계획과 은혜를 따라 하신 것입니다. 그대는 성도들에게 말다툼을 못하게 하고, 세상적인 잡담도 하지 말게 하십시오.

성경은 하나님의 감동으로 된 것으로 교훈과 책망과 바르게 함과 올바른 행실을 하도록 교육하기에 유익합니다.

그대가 올 때에 내가 드로아에 사는 가보의 집에 두고 온 외투를 가져오고 겨울이 되기 전에 서둘러 오십시오. 예수님의 은혜가 여러분과 함께 있기를 빕니다.

이 편지를 쓴 사도 바울은 로마 감옥에서 순교한 것으로 전해집니다.

이제 성경이 어느 정도 정리가 되었습니다. 남아 있는 성경은 유다서와 사도 요한의 저작들(요한1, 2, 3서와 계시록)입니다. 예수님

의 동생들은 야고보, 요셉, 유다, 시몬 등이 있습니다. 유다서를 쓴 유다는 예수님의 셋째 동생이었습니다. 유다는 교회 안에 숨어 들어온 거짓 선생들이 교회를 어지럽히고 혼란스럽게 하는 것을 바로잡기 위하여 편지를 썼습니다.

유다서

AD 70~80년경에 유다가 교회들에게 보낸 편지

예수님의 종인 유다가 성도들에게 편지를 씁니다.

여러분의 교회에 예수님을 믿지 않는 몇몇 사람이 숨어 들어왔다는 소식을 들었습니다. 여러분, 성경에는 그들이 받을 무서운 심판을 말씀하고 있습니다.

여러분은 사도들의 가르침을 항상 기억하고, 사랑과 믿음과 소망 위에 서서 굳건한 신앙을 가지십시오. 하나님의 사랑 안에서 자신을 지키고 예수님의 긍휼(불쌍히 여겨 돌보아줌)을 기다리십시오.

예수님을 통해 영광과 위엄과 능력과 권세가 영원까지 함께 하시기를 기도합니다. 아멘.

말씀 정리

바울은 4차 전도여행을 하면서 2권, 순교하기 전 로마 감옥에서 1권의 편지를 더 기록합니다. 그 외의 사도들도 편지를 통해서 각 교회 성도들을 가르쳤습니다.

이후로 대부분의 사도들은 순교를 당하였고, 예수님 당시 나이가 어렸던 사도 요한도 어느덧 노인이 되었습니다. 이제 사도 요한의 서신서 3권과 요한계시록이 남아 있네요.

사도 요한의 배경 지도 – 소아시아 7교회(현재: 터키) 밧모 섬의 현재 이름
(파트모스, Patmos)

08
요한의 편지들과 요한계시록

AD 90~96년

이제 성경은 요한 1, 2, 3서와 요한계시록만 남았습니다. 이 4권은 요한복음을 기록한 사도 요한이 썼습니다. 당시 요한은 AD 70년경에 에베소로 가서 교회를 세웠습니다.

그 이후 AD 90년경에 에베소 지역 기독교인들에게 편지를 씁니다. 당시 이 지역에서는 이단들이 나타나 교회를 혼란하게 했습니다. 이러한 이단들은 선생들을 포함한 소수의 무리였지만 교회를 분열시켰습니다. 당시 여러 교회들이 분파가 생겨서 예수님을 믿는 믿음이 하나가 되지 못하고 있는 것을 염려함으로 교회에 편지를 씁니다.

요한일서

AD 95년경, 사도 요한

생명의 말씀인 예수님에 관하여 쓰려고 합니다. 예수님은 태초부터 계셨던 하나님의 아들이십니다. 우리가 하나님과 예수님과 함께 사귀어 우리 서로의 기쁨이 충만하기를 바랍니다.

하나님은 빛이시니 어두움이 전혀 없으십니다. 그러므로 우리가 빛 가운데 살아가면서 우리 죄를 자백하면 예수님께서 우리를 깨끗하게 해주실 것입니다.

성령께서는 여러분에게 모든 것을 가르쳐 주시며 진실되고 거짓이 없으십니다. 여러분은 그 가르침대로 예수님 안에서 살아가십시오.

예수님을 믿는 우리에게는 영생(천국에서 영원히 삶)이 있습니다. 하지만 예수님을 믿지 않는 예수님의 적들이 올 것입니다. 우리는 그들을 구별해 내야 합니다.

자녀 된 여러분, 자신을 우상으로부터 멀리하도록 지키십시오.

사도 요한이 요한일서의 내용을 보충하면서 특히 강조하는 것은 이단들과는 상대조차 하지 말라는 것입니다.

요한이서

AD 95년경, 사도 요한

교회의 장로인 나는 여러분에게 편지를 씁니다. 진리를 아는 모든 사람이 여러분을 사랑합니다. 성도는 예수님의 가르침을 늘 생각하며 살아야 합니다.

그리고 예수님의 가르침과 다른 것을 가지고 여러분을 찾아오는 사람들(이단들)은 집에 들이지도 말고, 인사도 하지 말아야 합니다.

어떤 교회에 성도들에게 인정을 받는 지도자인 가이오가 있었습니다. 가이오는 사도 요한이 보낸 선교사들을 잘 접대하였습니다. 하지만 그 교회에 디오드레베란 사람은 사도 요한이 보낸 선교사들을 박해하며, 심지어 이들을 접대하려는 성도들까지 쫓아냈습니다.

이 문제를 바로잡기 위해서 사도 요한은 가이오에게 편지를 씁니다.

요한삼서

AD 95년경, 요한이 가이오에게 보낸 편지

장로인 나는 사랑하는 친구 가이오에게 이 편지를 씁니다. 그대가 내가 보낸 선교사들을 잘 대해 주니 감사합니다. 믿음의 자녀가 진리 안에서 살고 있다는 소식보다 더 기쁜 일은 없습니다.

선교사들은 복음을 전하려고 자신의 삶도 포기하면서 이방 사람들에게서는 아무것도 받지 않았습니다. 그러니 우리가 돌보아주어야 마땅합니다.

하지만 디오드레베는 선교사들을 거부했습니다. 교회는 디오드레베의 악하고 이기적인 모습을 본받지 마십시오.

선한 일을 하는 사람은 하나님께로부터 왔지만 악한 일을 하는 사람은 결코 하나님을 알지 못한 사람입니다.

하나님의 평안이 그대와 함께하기를 바랍니다.

그 후 사도 요한은 복음을 전하다가 밧모 섬(현재: 파트모스)으로 유배되었습니다(지도 참조). 이곳 밧모 섬에서 하나님의 계시를 받아서 요한계시록을 기록합니다. 계시란 사람의 지혜로 알 수 없는 진리를 하나님이 가르쳐 주신 것입니다.

사도 요한은 이 계시록을 소아시아 7교회에 보냈습니다(지도 참조).

요한계시록

AD 95~96년경, 사도 요한이 밧모 섬에서 기록

이것은 예수님의 계시입니다. 하나님께서는 앞으로 될 일들을 예수님을 통해 계시로 보여주셨고, 예수님은 요한에게 천사를 보내어 알려 주셨습니다. 요한은 자기가 본 것을 다 증언하였습니다.

예수님은 구름을 타고 오실 것입니다. 모든 사람이 예수님이 오심을 보게 될 것입니다.

예수님은 요한에게 말씀하셨습니다.

"네가 본 것을 두루마리에 써서 일곱 교회에 보내라."

7교회는 에베소, 서머나, 버가모, 두아디라, 사데, 빌라델비아, 라오디게아 교회입니다(지도 참조).

요한은 환상을 봅니다. 예수님이 하나님께로부터 두루마리를 받으시자 수많은 천사와 모든 세계가 예수님께 경배하는 모습입니다.

요한은 또 환상을 봅니다. 144,000명(상징적으로 하나님의 백성 전체를 의미)의 성도들이 하나님께 구원받은 자녀의 표식을 받습니다.

반대로 악인들은 짐승의 표를 받고 하나님의 심판을 당합니다. 사탄은 유황이 타는 불못에 던져집니다. 불못은 세상 종말에 악인이 들어갈 영원한 형벌의 장소인 지옥을 말하며, 이곳은 불과 유황이 타는 곳인데 이 불은 영원히 꺼지지 않는다고 합니다. 거기에서 그들은 영원히 밤낮으로 고통을 받을 것입니다.

요한은 생명책을 보았습니다. 생명책은 하나님께서 친히 택하신 백성의 이름들이 기록된 책입니다. 생명책에 기록되지 못한 사람은 불못에 던져졌습니다.

또 요한은 새 하늘과 새 땅을 보았습니다. 새 하늘과 새 땅의 거룩한 도시는 밤이 없으므로 성문을 닫지 않습니다. 새 하늘과 새 땅은 천국을 의미하는데 천국은 수정같이 맑은 생명수 강이 흐르고, 강 양쪽에는 생명나무가 있어서 열두 가지 열매를 매달마다 맺습니다. 천국에서는 하나님이 그의 백성의 모든 눈물을 씻어 주심으로 더 이상 눈물도, 슬픔도, 아픔도, 질병도, 죽음도 없는 곳이라고 말합니다.

이 모든 계시를 증언하시는 분인 예수님이 말씀하십니다.

"내가 속히 오리라."

요한이 대답합니다.

"아멘, 주 예수여, 오시옵소서."

요한계시록의 '예수님께서 속히 재림(다시 오심)하시겠다'는 약속으로 성경 66권은 모두 끝이 났습니다. 우리는 지금 예수님의 재림을 기다리며 살아가고 있습니다.

신약성경 정리하기

1. 복음서
2. 사도행전(데살로니가전서, 데살로니가후서, 고린도전서, 고린도후서, 갈라디아서, 로마서, 야고보서, 빌레몬서, 골로새서, 에베소서, 빌립보서)
3. 사도행전 이후의 편지들(디모데전서, 디도서, 베드로전서, 히브리서, 베드로후서, 디모데후서, 유다서)
4. 요한의 편지와 계시록(요한1서, 요한2서, 요한3서, 요한계시록)

후기

《성경 이야기》를 읽으셨습니다. 축하드립니다. 성경의 역사를 중심으로 아주 간략하게 1독 하셨습니다. 두 번째 읽으면 더 많이 알게 되고 더 재미있게 읽으실 것입니다. 읽고 또 읽으십시오. 최소한 열 번 이상 읽어야 합니다.

성경을 몇 번 읽어도 성경의 흐름을 잘 모르는 이유는 성경의 뼈대를 모르기 때문입니다. 이 책을 여러 번 읽을수록 성경의 역사를 쉽게 이해할 수 있습니다. 이 책 전체의 흐름을 기억할 정도로 읽어야 합니다. 전체의 흐름이 떠올라야 합니다. 요약된 성경 역사를 알면 성경 전체가 보입니다.

마지막 때를 이길 힘은 오직 성경에 있습니다. 성경을 알고 성경 말씀대로 살면 우리는 승리할 수 있습니다.

성경을 통해서 나의 삶을 좋은 길로 인도해 주시는 하나님을 만나시기 바랍니다. 그리하여 도전적인 정신으로 승리하는 인생을 살아내는 우리 모두가 되기를 기도해 봅니다.

부록 바이블 스토리송

세상을시작해요 창세기는창 애굽을탈출해요 출애굽기출
군사의수를세요 민수기는민 가나안정복해요 여호수아수
하나님멀리해요 사사기는삿 다윗이등장해요 사무엘은삼
왕들의이야기요 열왕기는왕 남유다왕이야기 역대기는대
성전을고쳤어요 에스라는스 성벽을재건해요 느헤미야느
신구약중간시대 중간사는중 예수님복음이요 복음서는복
사도들전도해요 사도행전행 사도들편지써요 편지들은편
요 한이받은계시 계시록은계

부록 성경연도표

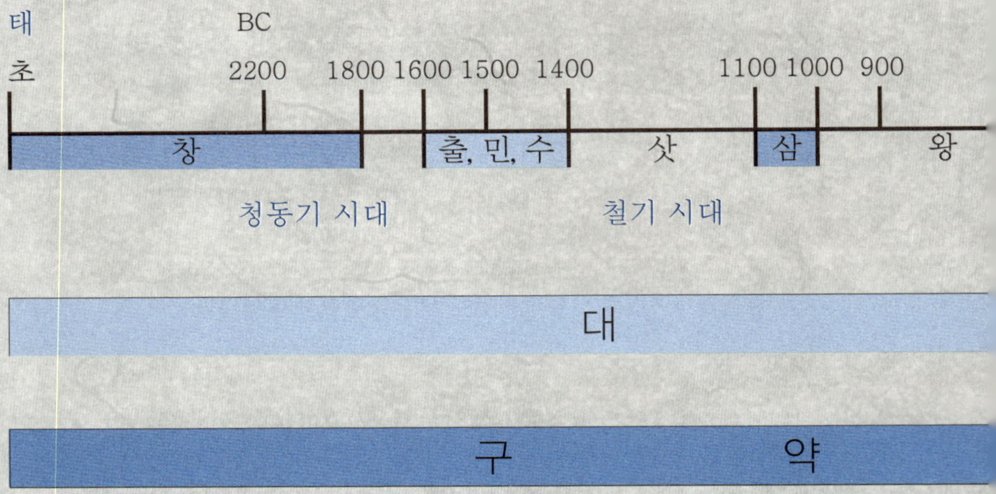
태
초
BC
2200
1800
1600
1500
1400
1100
1000
900
창
출, 민, 수
삿
삼
왕
청동기 시대
철기 시대
대
구
약

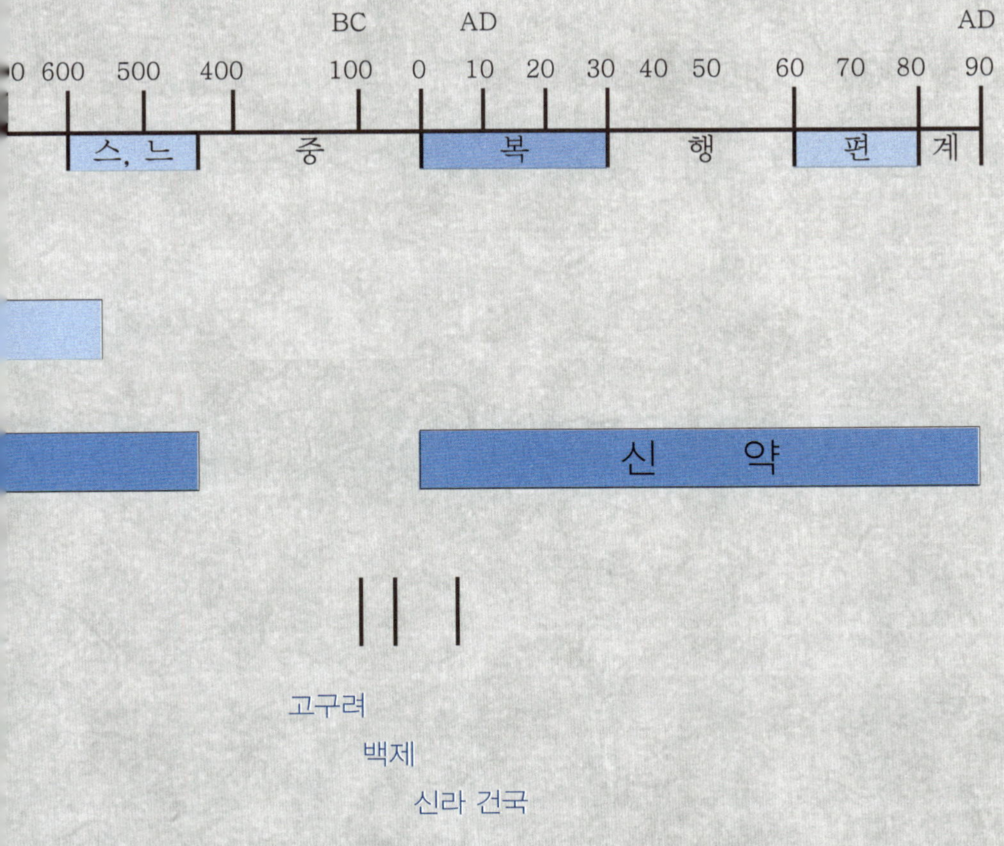
BC
AD
AD
0 600 500 400 100 0 10 20 30 40 50 60 70 80 90
스, 느
중
복
행
편
계
신 약
고구려
백제
신라 건국

색인

구약 지도

신약 지도

참고문헌

1. 기유메트 앙드뢰 외 2인 공저, 《고대 이집트》, 옥승혜 옮김, 도서출판 창해, 2000.
2. 배리 벤드스트라 외 공저, 《바이블 아틀라스》, 서경의 옮김, 도서출판 예경, 2013.
3. 대니얼 헤이즈, 스코트 듀발 엮음, 《베이커 성경 핸드북》, 전광규 옮김, 부흥과 개혁사 2014.
4. 조병호, 《쉬운 성경 통독》, 땅에 쓰신 글씨 2007.
5. 찰스 파이퍼 외, 《위클리프 주석성경》, 도서출판 소망 · 선교횃불, 2010.
6. 《성경전서》, 대한성서공회, 2008.
7. 이애실, 《어 성경이 읽어지네》, 도서출판 성경방, 2009.
8. 강병도, 《호크마 종합 주석》, 기독지혜사, 1997.
9. 테리 홀, 《성경 파노라마》, 배용준 역, 규장, 2013.
10. 편찬위원회, 「일러스트 쉬운 성경」, 아가페 출판사, 2014.
11. 존 H. 월턴, 《차트 구약》, 김명호 옮김, 기독교문서선교회, 1999.
12. 박필립, 《성경 상식》, 가나북스, 2013.
13. 《뉴톰슨 관주주석성경》, 성서교재간행사, 1987.
14. 로즈북 편집부 《한눈에 보는 성경지도》, 오주영 옮김, 두란노, 2015.
15. 요하난 아하로니 외, 《아가페 성서지도》, 문창수 옮김, 아가페 출판사, 1999.
16. 박성호 엮음, 《한번에 보는 사복음서》, 크로스피쉬, 2015.
17. 기독교대백과사전편찬위원회, 《성경지도》, 기독교문사, 2011.
18. 헨리에타 미어즈, 《핵심성경》, 강선규 옮김, 두란노, 2015.
19. 대한성서공회, 《표준 새 번역 성경》, 아가페, 2007.
20. 고든 웬함 외, 《WBC 주석》, 박영호 옮김, 솔로몬, 2003.
21. 크레이그 키너, 《IVP 성경 배경 주석》, 정옥배 옮김, 한국기독학생출판부, 2008.
22. 최종진, 《구약성서개론》, 도서출판 소망사, 1986.
23. 서인선 · 박창영, 《알기 쉬운 신약의 이해》, 성결대학교 출판부, 2001.
24. 헨리에타 C. 미어즈, 《미어즈 성경핸드북》, 구영재 옮김, 아가페출판사, 1995.
25. 《톰슨 II 주석성경》, 기독지혜사, 1988.

읽으면 하나님을 알게 되는

성경 이야기

1판 1쇄 인쇄 _ 2017년 3월 23일
1판 1쇄 발행 _ 2017년 3월 30일

지은이 _ 이우승
펴낸이 _ 이형구
펴낸곳 _ 쿰란출판사

주소 _ 서울특별시 종로구 이화장길 6
편집부 _ 745-1007, 745-1301~2, 747-1212, 743-1300
영업부 _ 747-1004, FAX 745-8490
본사평생전화번호 _ 0502-756-1004
홈페이지 _ http://www.qumran.co.kr
E-mail _ qrbooks@gmail.com / qrbooks@daum.net
한글인터넷주소 _ 쿰란, 쿰란출판사
등록 _ 제1-670호(1988.2.27)
책임교열 _ 오완·박은아

 ISBN 979-11-6143-001-0 93230

책값은 뒤표지에 있습니다.